CATIMBÓ
CANA CAIANA
XENHENHÉM

Ascenso Ferreira (1895-1965)

CATIMBÓ
CANA CAIANA
XENHENHÉM

Ascenso Ferreira

Introdução, organização e fixação de texto
VALÉRIA TORRES DA COSTA E SILVA

wmf **martinsfontes**

SÃO PAULO 2008

Copyright © 2008, Livraria Martins Fontes Editora Ltda.,
São Paulo, para a presente edição.

5ª edição 1995
Nordestal Editora
6ª edição 2008

Transcrição das partituras
Victor Steiner Ferreira
Acompanhamento editorial
Helena Guimarães Bittencourt
Revisões gráficas
Ivani Aparecida Martins Cazarim
Alessandra Miranda de Sá
Dinarte Zorzanelli da Silva
Ilustrações
Carybé
Cícero Dias
Joaquim Cardozo
Luiz Jardim
Lula Cardoso Ayres
Manoel Bandeira
Suanê
Produção gráfica
Geraldo Alves
Paginação/Fotolitos
Studio 3 Desenvolvimento Editorial

Dados Internacionais de Catalogação na Publicação (CIP)
(Câmara Brasileira do Livro, SP, Brasil)

Ferreira, Ascenso, 1895-1965.
 Catimbó : cana caiana : xenhenhém / Ascenso Ferreira ; introdução, organização e fixação de texto Valéria Torres da Costa e Silva. – 6ª ed. – São Paulo : WMF Martins Fontes, 2008. – (Coleção poetas do Brasil)

 ISBN 978-85-60156-55-9

 1. Poesia brasileira I. Silva, Valéria Torres da Costa e. II. Título. III. Série.

07-5302   CDD-869.91

Índices para catálogo sistemático:
1. Poesia : Literatura brasileira   869.91
•

Todos os direitos desta edição reservados à
Livraria Martins Fontes Editora Ltda.
Rua Conselheiro Ramalho, 330 01325-000 São Paulo SP Brasil
Tel. (11) 3241.3677 Fax (11) 3101.1042
e-mail: info@martinsfontes.com.br http://www.wmfmartinsfontes.com.br

COLEÇÃO "POETAS DO BRASIL"

Vol. XIX – Ascenso Ferreira

Esta coleção tem como finalidade colocar ao alcance do leitor as obras dos autores mais representativos da história da poesia brasileira. Ela conta com a colaboração de especialistas e pesquisadores no campo da literatura brasileira, a cujo encargo ficam os estudos introdutórios e o acompanhamento das edições, bem como as sugestões de caráter documental e iconográfico.

Coordenador da coleção: Haquira Osakabe, doutor em Letras pela Unicamp, é professor de Literatura Portuguesa no Departamento de Teoria Literária daquela Universidade.

Valéria Torres da Costa e Silva, que preparou o presente volume, é formada em Ciências Sociais pela UFPE, fez seu mestrado no Museu Nacional/UFRJ, sob orientação do professor Gilberto Velho, e é Ph.D. em Línguas e Literaturas

Hispânicas pela Universidade da Califórnia, Berkeley.

VOLUMES JÁ PUBLICADOS:

Cruz e Sousa – *Missal/Broquéis*.
Edição preparada por Ivan Teixeira.

Augusto dos Anjos – *Eu e outras poesias*.
Edição preparada por Antonio Arnoni Prado.

Álvares de Azevedo – *Lira dos vinte anos*.
Edição preparada por Maria Lúcia dal Farra.

Olavo Bilac – *Poesias*.
Edição preparada por Ivan Teixeira.

José de Anchieta – *Poemas*.
Edição preparada por Eduardo de A. Navarro.

Luiz Gama – *Primeiras trovas burlescas*.
Edição preparada por Ligia F. Ferreira.

Gonçalves Dias – *Poesia indianista*.
Edição preparada por Márcia Lígia Guidin.

Castro Alves – *Espumas flutuantes & Os escravos*.
Edição preparada por Luiz Dantas e Pablo Simpson.

Santa Rita Durão – *Caramuru*.
Edição preparada por Ronald Polito.

Gonçalves Dias – *Cantos*.
Edição preparada por Cilaine Alves Cunha.

Diversos – *Poesias da Pacotilha*.
Edição preparada por Mamede Mustafa Jarouche.

Raul de Leoni – *Luz mediterrânea e outros poemas*.
Edição preparada por Sérgio Alcides.

Casimiro de Abreu – *As primaveras*.
Edição preparada por Vagner Camilo.

Medeiros e Albuquerque – *Canções da decadência e outros poemas*.
Edição preparada por Antonio Arnoni Prado.

Fagundes Varela – *Cantos e fantasias e outros cantos*.
Edição preparada por Orna Messer Levin.

Silva Alvarenga – *Obras poéticas*.
Edição preparada por Fernando Morato.

Hermínio Bello de Carvalho – *Embornal. Antologia poética*.
Apresentação de Heron Coelho e Introdução de Haquira Osakabe.

Manuel Botelho de Oliveira – *Poesia completa*.
Edição preparada por Adma Muhana.

ÍNDICE

Introdução XIII
Referências bibliográficas XXXVII
Ascenso Ferreira – Manuel Bandeira ... XXXIX
Ascenso Ferreira, "rei dos mestres" – Sérgio Milliet XLIX
Cronologia LIII
Nota à presente edição LXV

CATIMBÓ

Ritmo novo/Mário de Andrade 5
Catimbó 13
Sertão 17
O samba 20
A cavalhada 22
Misticismo 26
Dor 29
Reisado 31
Bumba-Meu-Boi 33
Maracatu 36
Minha escola 38
Arco-Íris 40

Mandinga 42
Os bêbados 45
Mês de Maio 47
Carnaval do Recife 50
Boca-da-noite 53
Folha verde 55
Tradição 57
Minha terra 58
O Gênio da Raça 61
Partituras/músicas de "Catimbó" 62

CANA CAIANA

Cana caiana/Luís da Câmara Cascudo 67
Branquinha 73
A pega do boi 77
A Mula-de-Padre 79
A Cabra-Cabriola 82
Ano-bom 84
Graf Zeppelin 86
Os engenhos de minha terra 88
A casa-grande de Megaípe 91
Mulata sarará 95
Toré 97
Meu carnaval 99
Xangô 101
Misticismo n.º 2 105
Senhor São João 107
A força da Lua 109
Noturno 111
História pátria 113
O "Verde" 115

Martelo 117
A Formiga-de-Roça 119
77 121
Teu poema 122
Senhor de engenho 123
Filosofia 124
Sucessão de São Pedro 125
Desespero 127
Nordeste 128
A chama 129
Trem de Alagoas 130
Partituras/músicas de "Cana caiana" 134

XENHENHÉM

Poesia popular/Roger Bastide 139
Xenhenhém nº 1 143
Xenhenhém nº 2 145
Boletim nº 0 146
Inflação 147
Black-out 149
O expedicionário 150
Gaúcho 151
Quadrilha de Caetano Norato 152
Natal 154
Cinema 155
Soluço como o do mar 156
Nana, nanana 158
Vamos embora, Maria 159
O meu poema do São Francisco .. 162
Alucinação 164
Inquietação 165

Fazendeiro 166
Predestinação 167
Perfume 168
Desalento.. 170
Transfiguração 171
Glória 172
Êxtase... 173
Última visão... 174
Minha filha... 175
O Perna-de-Pau.. 176
Oropa, França e Bahia............................. 179
Rio de Janeiro.. 185
A festa.. 186
Hotel Astória.. 188
A copa do mundo.................................... 190
A rua do rio... 191
Partituras/músicas de "Xenhenhém"........ 193

Posfácio.. 195
Referências bibliográficas......................... 209

INTRODUÇÃO

A Maria de Lourdes Medeiros
admirável companheira

A edição que ora chega às mãos do leitor encerra um ciclo de silêncio de doze anos desde a última publicação da poesia reunida de Ascenso, e de mais de quarenta desde que os poemas do pernambucano, pela primeira e única vez até o presente, ganharam o selo de uma editora com prestígio e poder de distribuição nacional[1]. A metáfora do *silêncio* tanto serve para caracterizar a edição da obra de Ascenso Ferreira como sua crítica. São tão poucas e modestas as edições da poesia, como são raros os textos que procuram estudar, ler, interpretar e revelar o universo poético de Ascenso Ferreira, a despeito do carinho e do entusiasmo com que seus livros foram acolhidos por escritores, artistas e críticos dos mais notáveis. Como bem salientam o artigo de Mário de Andrade, "Ritmo novo", e o "Prefácio", de Manuel Bandeira, a poesia de Ascenso Ferreira está entre as mais originais contribuições ao modernismo brasilei-

---

1. Trata-se da edição da José Olympio, de 1963.

ro. Por que, então, Ascenso passou tanto tempo sem ser publicado? Por que não há estudos de porte sobre sua poética? Por que quase ninguém se ocupou, nos últimos sessenta anos, de interpretar sua obra, tornando-a acessível, estimulando sua leitura, contribuindo para sua disseminação? Esta "Introdução" tenta sugerir algumas respostas a tais questões, assim como procura dar uma contribuição ao entendimento da poesia de Ascenso, no sentido de sugerir chaves de leitura, de indicar portas de entrada para seu universo poético.

Ascensão: um poeta em aumentativo

Uma das primeiras coisas que chamam a atenção de quem se propõe estudar a poesia de Ascenso Ferreira é o contraste entre a escassez de textos críticos e a abundância do anedotário a seu respeito. Com efeito, nas escassas publicações sobre Ascenso Ferreira, os comentadores centram-se sobremodo na sua figura "descomunal", na espirituosidade, nas atitudes pouco convencionais, no vozeirão e no modo único de recitar suas próprias poesias. Em geral, nos textos escritos sobre Ascenso repetem-se dois argumentos complementares. De um lado, acentua-se o já mencionado pitoresco da figura humana, o *Ascensão* "amante da glutonaria", dos jogos de azar, o "gigante" com alma de criança: "Chapelão à cabeça, aquele gigante manso era um menino."² E, de outro lado, mas de certo modo como derivação do primeiro aspecto, cristaliza-se toda uma argumentação acerca da correspondência direta, melhor seria dizer *equivalência* entre o poeta e sua terra, incluindo-se aí a sua gente.

Nesse sentido, tornou-se referência sobre Ascenso, e caminho *natural* para entender sua poética, a descrição feita pelo poeta sobre o tempo em que, ainda adolescente, trabalhou na venda do padrinho Quincas, em Palmares, onde teria entrado em contato com as figuras, costumes e histórias *típicos* da Zona da Mata pernambucana³. Nas palavras de Luiz Luna: "Ascenso Ferreira era o Nordeste da cabeça aos pés. Bom e doce como água-de-coco, macio como a polpa do ingá maduro."⁴ Como deixam ver quase todos os artigos de *50 anos de* Catimbó, Ascenso tornou-se, aos olhos de seus leitores e críticos, uma espécie de metonímia do Nordeste. Some-se a ingenuidade de criança à incorporação da "alma" de sua terra e o resultado é a imagem de uma poética não só impregnada do ambiente de origem do poeta, mas sobretudo "espontânea", "pura", "autêntica", "natural", quase "instintiva".

Fica evidente que a idéia de personagem folclórico e pitoresco, evocada à exaustão pelos

---

2. BEZERRA, 1977, p. 75.
3. Ver entrada de 1908 na "Cronologia" da presente edição, assim como o depoimento de Ascenso Ferreira no livro *Testemunho de uma geração*, organizado por Edgar Cavalheiro (1944).
4. LUNA, 1971, p. 14.

contemporâneos, e de certo modo alimentada pelo próprio Ascenso, acabou enviesando e restringindo a recepção de sua poesia. Poeta e poesia tornaram-se presas da armadilha do pitoresco, conforme bem salientou Roberto Benjamin[5]. Nem mesmo Manuel Bandeira, Mário de Andrade, Roger Bastide, Câmara Cascudo e Sérgio Milliet, autores dos principais e mais lidos textos de crítica à poesia de Ascenso Ferreira, escaparam da tentação de defini-la como expressão "genuína" do Nordeste mais "autêntico". Sem dúvida, essa tendência a ver a poesia de Ascenso como condensação da terra e da gente nordestina deve-se, em parte, ao inegável fato da recorrência da temática popular na poética de Ascenso, posto que tangerinos, boiadeiros, bêbados-de-fim-de-feira, coronéis, sem falar de assombrações e cenas de várias brincadeiras populares no Nordeste efetivamente freqüentam e muitas vezes definem o universo poético do pernambucano.

Outro aspecto comum ressaltado pela crítica diz respeito à oralidade da poesia de Ascenso. Mais uma vez, aqui, poeta e poesia confundem-se intensamente, pois quase todos os críticos ressaltam o efeito que causava ouvir os poemas recitados no vozeirão do poeta. Nas palavras de Manuel Bandeira: "Pois quem não ouviu Ascenso dizer, cantar, declamar, rezar, cuspir, dançar,

---

5. "Apresentação" aos *Ensaios folclóricos* (FERREIRA, 1986).

arrotar os seus poemas, não pode fazer idéia das virtualidades verbais neles contidas, do movimento lírico que lhes imprime o autor."[6] Desse modo, são sempre destacados a musicalidade, o ritmo, a cadência dos versos de Ascenso, que efetivamente chegou a incorporar às suas poesias loas, toadas, jornadas e refrões inteiros de cantos de domínio popular.

Porém, apesar da constatação geral de sua força sonora, apenas Manuel Bandeira e Mário de Andrade se adentraram na análise da musicalidade e do ritmo na poética de Ascenso. Somente os dois críticos foram além do registro superficial do jogralismo de Ascenso, ou da incorporação recorrente da linguagem popular, e procuraram estudar o uso que o poeta fazia da métrica e da rima, analisando seu trabalho genial sobre o ritmo dos poemas, seu jogo poético em cima de formas musicais, como cocos, maracatus e sambas de roda. E, nesse sentido, tanto Bandeira como Mário de Andrade situam Ascenso, no que diz respeito ao ritmo, no limite entre a poesia e a música. Do mesmo modo, ambos destacam a convivência harmônica entre o verso livre e o verso bem ritmado, cadenciado, medido, como uma das grandes contribuições de Ascenso à moderna poesia brasileira[7].

---

6. Ver "Prefácio", de Manuel Bandeira, reproduzido na presente edição.
7. Ver "Ritmo novo", de Mário de Andrade, e "Prefácio", de Manuel Bandeira (*op. cit.*).

Lamentável é que, no panorama da recepção da obra de Ascenso Ferreira, sejam exceções análises como as de Mário de Andrade e Manuel Bandeira, que vão além do pitoresco da figura do poeta e de sua poética. Os artigos de Roger Bastide, Sérgio Milliet e Câmara Cascudo, junto com alguns textos de Souza Barros, embora também componham o quadro básico de referências da parca fortuna crítica de Ascenso, tratam sobretudo, mas de modo ligeiro, do posicionamento da poética de Ascenso, como uma espécie de ponte entre tendências modernistas e regionalistas. Esse aspecto, de fundamental importância para a compreensão da obra do poeta palmarense, merece toda a atenção e é abordado no "Posfácio" desta edição.

Da arte de versejar

Proponho, nesta seção e na próxima, uma leitura da poesia de Ascenso Ferreira que nos permita perceber aspectos normalmente negligenciados pelos críticos, como a diversidade de temas, perspectivas sobre a realidade e formas de expressão, muitas vezes ocultas sob a superfície do folclore, do pitoresco e do regional. Começo por secundar Roberto Benjamin (1995), apontando o fato de que, ao contrário da imagem de uma poética brotada de modo quase "natural" e "espontâneo", como resultado necessário da identificação entre o poeta e sua terra, a poesia de Ascenso Ferreira nasce também, e certamente deve sua originalidade e sua força, do *trabalho* poético de excelência, que se revela na manipulação magistral da métrica, da rima, do ritmo e da melodia. Conforme salientou Manuel Bandeira, no seu "Prefácio": "Verso metrificado, verso livre, rima, toada musical, frases soltas – todos esses elementos do discurso poético se fundem pela mão de Ascenso numa coisa só, peça inteiriça, onde não se nota a menor emenda, a menor fenda."[8]

A trajetória de Ascenso Ferreira revela uma sólida formação intelectual, a começar pela influência da mãe, que era a professora da cadeira oficial do estado em Palmares, e que utilizava discursos de Joaquim Nabuco para ensinar português[9]. Além disso, Ascenso freqüentou assiduamente a biblioteca de Palmares, na época a maior do interior de Pernambuco, tendo lido avidamente os clássicos das literaturas universal e brasileira. Antes que seus poemas modernos se tornassem famosos nas rodas literárias do Recife, Ascenso escrevia impecáveis sonetos em versos alexandrinos e decassílabos, mostrando perfeito domínio da arte de versejar[10].

E, no que se refere às tradições e costumes populares, tão presentes em sua poesia, sem desconsiderar a importância de suas vivências

---

8. Ver texto incorporado a esta edição.
9. BENJAMIN, 1995.
10. Ver poemas como "Adeus! Eu voltarei ao sol da Primavera!", "Esperança", "Pro Pace" (FERREIRA, 1981) e "Salomé" (FERREIRA, 2006).

de infância e adolescência, é importante lembrar que ao longo de quase toda a vida Ascenso freqüentou pastoris, xangôs, bumbas-meu-boi e todo tipo de manifestações culturais de sua terra e estados vizinhos. E o fez não apenas como curioso ou mero espectador, mas na posição de investigador. Ascenso coletou modas, loas, refrões, cantos, vários dos quais enviou a Mário de Andrade, com explicações sobre ocorrências, variações e definições de vocábulos, conforme registra a correspondência entre ambos[11]. Não bastasse a evidência das cartas escritas a Mário e a outros amigos, lembrem-se os três artigos de estudo de tradições folclóricas nordestinas que Ascenso publicou na revista *Arquivos*, da Prefeitura de Recife, nos anos 40: "O maracatu", "Presépios e pastoris" e "O bumba-meu-boi". Tais artigos demonstram que Ascenso pesquisou bastante os temas, tanto em termos empíricos como bibliográficos.

Vê-se, assim, que a "ingenuidade" e a "inocência", do mesmo modo que a impressão de "espontaneidade", lugares-comuns na recepção crítica da poesia de Ascenso, são apenas aparentes. Um "Prefácio" inédito, escrito em 1930 para *Cana caiana*, enviado a Mário de Andrade, evidencia a consciência e o cuidado de Ascenso com suas escolhas poéticas[12]. Os comentários de

---

11. Ver as cartas de Ascenso para Mário (FERREIRA, 2006).

12. O texto foi recolhido do Arquivo Mário de Andrade/IEL/USP e encontra-se reproduzido na dissertação

Ascenso, nesse "Prefácio" ou em textos como "Carta a Orris Barbosa", publicada na *Revista de Antropofagia*[13], nos possibilitam perceber motivações associadas à escolha de palavras e de fórmulas poéticas, bem como nos permitem constatar que o poeta *parte* das formas populares, mas apenas para brincar livremente com elas. O romance, por exemplo, que na sua forma mais tradicional tem estrofes de seis versos heptassílabos, com rimas nos versos pares, é utilizado livremente por Ascenso em "Oropa, França e Bahia". Aliás, nesse *romance* Ascenso raramente rima os versos pares, confirmando a observação de Manuel Bandeira, para quem o palmarense reintroduziu na poesia brasileira as rimas ímpares, típicas do romantismo.

Uma característica formal marcante da poética de Ascenso diz respeito à utilização abundante do discurso direto, visível no uso exacerbado dos travessões. Freqüentemente, inclusive, seus poemas têm várias vozes. E não raro essas vozes correspondem à voz anônima da coletividade, do *povo*, representado em seu linguajar cotidiano, sem marcações especiais, como aspas ou itálicos, de modo que têm nos poemas a mesma legitimidade da voz que narra ou revela os estados de alma do eu-lírico. Assim, ex-

---

de Franceschini (2003) e no livro de escritos de Ascenso Ferreira organizado por Juareiz Correya (FERREIRA, 2006, p. 64).

13. Primeira dentição, n.º 6, outubro 1928, p. 5.

pressões tiradas diretamente do falar do nordestino pontuam a poesia de Ascenso, que também se utiliza de arcaísmos como "esquipar", "trescalar" e "alcanfor". As aspas, em geral, são usadas para destacar a reprodução, no poema, de canções, estribilhos, versos e refrões de brincadeiras consagrados pelo uso popular. Note-se, ainda, que a oralidade e o recurso aos estribilhos populares associam-se a uma poética muito marcada pela narratividade, já que vários dos poemas de Ascenso contam pequenas histórias.

Há toda uma dimensão nitidamente nordestina na semântica de Ascenso, que não compromete sua universalidade, tampouco lhe confere caráter de exotismo aos olhos de brasileiros de outras regiões. Em poemas como "Xangô", por exemplo, Ascenso aborda uma temática que remete ao universo afro-brasileiro, trabalhando, portanto, com um legado que pertence a todo o país. Agora, de fato, o poema utiliza uma semântica característica – "ingonos", "Odé", "Bomiê", "Parafuá", "liamba" –, que serve para reforçar a coerência interna do poema e, no entanto, não impede aos que não têm familiaridade com esse vocabulário de apreender o grito de dor e pesar que nele se desenha. O canto dilacerado de quem foi arrancando da sua terra para adubar com suor e sangue paragens alheias dá corpo e transforma em imagem um drama universal.

Assim sendo, se por um lado a poesia de Ascenso está profundamente enraizada no Nordeste, daí extraindo seu substrato, presente nas imagens, cenas, expressões, estribilhos, crendices, linguajar e na semântica sobre a qual assentam os poemas (como "quixaba", "ingá", "mondé", "caracará", "catolé", "ingono", "queixar", "bulir", "quicé", "mangangá", "catimbó" e "xenhenhém"), de outro lado, os temas privilegiados pelo poeta são de amplo alcance. Traduzem preocupações do seu tempo, na medida em que respondem a inquietações, dilemas e expectativas produzidos pelos processos de modernização, que figuram tanto nos romances de Marcel Proust como na poesia de Robert Frost, nas telas de Cícero Dias ou na rapsódia de Mário de Andrade. Também remetem ao cotidiano em que se desenrolam os dramas humanos, particulares e coletivos, e às alegrias e dores de amor, cegas a distinções de classe, sexo, raça ou lugar.

Uma poética do encantamento

Conforme sugerido anteriormente, no que diz respeito ao conteúdo, uma leitura cuidadosa dos oitenta e um poemas que compõem os três livros de Ascenso Ferreira, reunidos na presente edição, permite a identificação de três grandes temas abordados em sua poesia: 1) a cultura brasileira ou regional, embutindo, na maior parte dos casos, uma crítica à modernidade, sendo alguns poemas nostálgicos e outros não; 2) o olhar sobre o cotidiano, que tanto se associa a reflexões filosóficas como à crítica social, ou ocorre simplesmente como registro satírico de costumes; e 3) o amor, algumas vezes associado a uma semântica do sagrado, com alguns poemas que desenvolvem uma relação entre o erótico e o sagrado. Essas três linhas temáticas estão presentes nos livros de Ascenso com pequenas variações conforme o peso que cada tema adquire no conjunto do livro. Dessa forma, pode-se dizer que em *Catimbó* predomina a temática da cultura popular; em *Cana caiana* o tom nostálgico e a crítica à modernidade figuram de modo mais contundente; e em *Xenhenhém* o tema de maior destaque é o amoroso.

Dentro da primeira e ampla temática da cultura regional e brasileira, há poemas puramente nostálgicos, em que a evocação de festividades como o Natal ou de assombrações como a Cabra-Cabriola servem à exaltação dos valores tradicionais, que por sua vez remetem a um passado que se vai diluindo, atropelado pela modernização. Vários dos poemas de Ascenso soam como lamentos, e são elegias a mundos cheios de poesia, mas que ou estão em via de desaparecimento, ou já não existem, a não ser por obra da memória, da rememoração, da evocação, recursos que, aplicados à poesia, transformam o espaço do poema num mágico momento de resgate do passado.

O poema "Folha verde", de *Catimbó*, é emblemático do sentimento nostálgico que marca a poética de Ascenso. A *folha verde* é a metáfora da "deliciosa meninice das gentes de minha terra", evocada logo na primeira estrofe, através do lamento "que eu tanto amei e senti...". Na seqüência, o poema traz um acúmulo de imagens da vida descontraída de uma meninice no campo, com versos escritos em gerúndio, de modo a marcar uma temporalidade em curso, que presentifica o passado ("Cavalos correndo,/Engenhos moendo,"). A maior parte dos versos traz a evocação de atividades, lugares, personagens típicos ("Babá-do-Arroz-Doce, Sá-Biu-dos-Cuscuz") e brincadeiras da infância, apresentadas em discurso direto ("– Boca de forno!/– Forno!"). Mas essas cenas lembradas, marcadas por um lirismo ingênuo e alegre, são pontuadas pela voz que repete o lamento de dor, de saudade e de luto por um mundo que feneceu, tal qual acontecerá com a folha verde: "Folha verde! – deliciosa meninice das gentes de minha terra,/que eu tanto amei e senti..."

São vários os poemas em que Ascenso Ferreira associa o sentimento nostálgico a uma crítica explícita à modernidade, seja mais ou seja menos contundente. "A Cabra-Cabriola" é poema muito interessante em que a assombração que figura no título é a metonímia de um mundo marcado pela fantasia, pela inocência infantil, pelo encantamento, mundo onde se ouvem o vento, os rumores do rio e da mata, e onde o bacurau canta para o luar. As cinco primeiras estrofes recompõem precisamente esse passado idílico. Mas a passagem do tempo no poema ("30 anos se passaram") traz a morte e o desaparecimento daquele mundo. Os rumores da mata, onde vivia a Cabra-Cabriola, foram substituídos pelo "grito" do monstro-rádio, que fala inglês ("Embala-me o sono/um monstro a gritar:/'– SPEAK DABLIÚ GI UAI'"). Nesse contexto, o último verso do poema é um apelo para que o mundo volte a ser o que era: "– Cabra-Cabriola, chega me pegar..."

Talvez seja "Noturno" o poema mais emblemático da nostalgia de um mundo enterrado pela modernização, de resto, típico do espírito que marcou a década de 20 em Pernambuco: "Sozinho, de noite,/nas ruas desertas/do velho Recife/que atrás do arruado/moderno ficou.../criança de novo/eu sinto que sou:" O sujeito do poema, declaradamente Ascenso ("Que diabo tu vieste fazer aqui, Ascenso?"), vaga pela cidade à noite. De modo muito similar à poesia de Joaquim Cardozo, a noite permite a transfiguração, o retorno no tempo. De noite, o Recife volta a ser povoado por criaturas encantadas, como o Pai-do-Poço e o Papa-Figo. Mas os verdadeiros monstros não são os seres encantados, são antes as sombras dos guindastes, os símbolos da modernidade ("Dos brutos guindastes/de vultos enormes"). O poema termina com a interrupção do sonho e da magia por uma voz que parece ser a voz da modernidade, aquela que não admite os vagares do poeta, o ócio, o descompromisso, e a temporalidade da reminiscência: "– Larga de ser vagabundo, Ascenso!"

Em outros poemas de Ascenso o objetivo parece ser a crítica à modernização ou à adoção irrefletida de valores estrangeiros, mas sem o tom nostálgico que marca os poemas analisados anteriormente. "Carnaval do Recife", por exemplo, é poema em que se celebra a vitalidade da cultura popular. No espaço do poema, o carnaval *mestiço* ou *mulato* do Recife, com seus Mateus, Papangus, Burras-Calus e Nações de Maracatu, triunfa sobre o carnaval "copiado", "estrangeirado", portanto inautêntico, de Colombinas (morre de peixeirada), Arlequins (leva um "rabo-de-arraia") e Pierrôs (toma um "clister-de-sebo-quente"). O poema termina com uma provocação: "– Pega o pirão, esmorecido!", expressão que pertence à cultura do Pastoril e que no poema quer dizer: vê se agüenta a onda do carnaval do Recife, "o carnaval melhor do mundo".

Um segundo núcleo temático característico da poesia de Ascenso reúne poemas cujo mote são cenas e eventos da vida cotidiana nordestina, a exemplo de "A cavalhada" e "A pega do boi".

Uma outra série de poemas de Ascenso tem por temática central algum tipo de crítica ou denúncia. Alguns são casos evidentes de como a superfície do regional e do folclórico pode enganar o leitor desavisado. "Sertão" é uma espécie de anúncio da seca próxima, da morte, prelúdio de uma desgraça. O poema começa enunciando nomes de lugares, que dão à primeira estrofe uma sonoridade toda especial. Quando o próprio Ascenso recita o poema[14], os pri-

---

14. A Fundação Joaquim Nabuco tem em seu acervo a gravação dos poemas de Ascenso Ferreira, na voz do autor, que acompanhou a edição de 1951.

meiros versos são divididos em duas partes contrastantes, a primeira em tom ascendente ("Sertão!") e a segunda em tom descendente, grave ("– Jatobá!"). Depois, uma seqüência de estrofes curtas, de dois versos, traça um quadro bastante poético, com reses, bodes e "ovelhinhas ternas". O poema todo é muito lento, como um aboio. E marca uma temporalidade igualmente lenta, com uma musicalidade grave. Diferentes onomatopéias enriquecem o poema do ponto de vista sonoro, dominando três estrofes.

Nesse cenário pastoril, são sutilmente colocados os elementos que prenunciam a ruína: os "tristes bodes patriarcais" e "o sino da igreja velha". Eles introduzem o verso agourento: "O sol é vermelho como um tição!" Um comboio move-se lentamente, e os tangerinos cantam uma ladainha para Lampião, criando uma ponte mais direta para o desfecho do poema, com "o urro do boi no alto da serra", diante dos "horizontes cada vez mais limpos". O urro do animal corresponde à voz dos profetas "anunciadores de desgraças..." A seca, que traz a morte, é metáfora de um outro fenômeno devastador, o avanço da civilização do Ford e da luz elétrica, que por onde passa vai matando a poesia. Nesse sentido, o aboio do poema é também o lamento de sua própria desaparição. Paradoxalmente, o tempo e o espaço do poema permitem que o aboio, ameaçado pela civilização, subsista[15].

---

15. Em carta a Mário de Andrade, Ascenso comenta o desaparecimento do aboio e acrescenta que o aboio só re-

Motes e formas da cultura popular também figuram na poética de Ascenso como meios de expressão de questões filosóficas, além da crítica social. Temas como a condição humana e os contrastes entre os dramas individuais e os coletivos são versados em poemas de títulos folclóricos ou prosaicos: "Maracatu", "Arco-Íris", "O 'Verde'", "Ano-bom", "Boletim n° 0" e "A copa do mundo". Tema e linguagem popular compõem o ambiente do poema "Arco-Íris". Na verdade, semanticamente todo o poema remete ao universo de brincadeiras infantis. Aspecto interessante é que esse poema começa pelo título, pois a primeira estrofe já é uma espécie de comentário ou resposta ao título. As duas primeiras estrofes são compostas de estribilhos que pertencem ao domínio popular, e organizam-se numa dinâmica de perguntas e respostas ("– Vamos passar nele por baixo!/– Vamos passá-lo... vamos passá-lo..."). Mas, a partir da terceira estrofe, começa a revelar-se uma outra dimensão do poema, e o leitor vai descobrindo que as brincadeiras de criança servem de mote a uma reflexão sobre a fugacidade da vida. A terceira estrofe subitamente revela que "A chuva fina tem carícias de morte..." e relata o desaparecimento do Arco-Íris. A conclusão do poema, que condensa toda a sua problemática no último

---

siste "lá para o Sertão profundo: Jatobá, Cabrobó, Ouricuri, Exu. Onde a civilização vai penetrando, vai matando a poesia" (*apud* FRANCESCHINI, 2003, p. 142).

verso, é que a vida é fugaz como o Arco-Íris ("VIDA – Arco-Íris também...").

Uma dezena de poemas de Ascenso, geralmente mais curtos, contam pequenas histórias, funcionando como poemas satíricos, poemas-piada ou simplesmente de registro de costumes. Bom exemplo é "Sucessão de São Pedro", publicado pela primeira vez na *Revista de Antropofagia*, primeira dentição, n.º 4, e que mistura riso e crítica. O poemeto de apenas cinco versos mostra a forma oportunista com que se comportam os sucessores de São Pedro, já que o vigário fica com a "galinha gorda", trazida por um fiel para o "mártir São Sebastião" ("– Seu vigário!/está aqui esta galinha gorda/que eu trouxe pro mártir São Sebastião!/– Está falando com ele!/– Está falando com ele!").

O terceiro e mais freqüente tema trabalhado por Ascenso Ferreira em seus poemas é o amor. Os poemas de amor aparecem na poesia do pernambucano desde *Catimbó*, embora marquem particularmente o livro *Xenhenhém*, onde são mais numerosos. Além disso, os poemas que trazem o amor por tema em *Catimbó* e *Cana caiana* são distintos dos poemas de *Xenhenhém*. Nos dois primeiros livros, Ascenso trata da temática amorosa de modo descontraído e até engraçado, utilizando particularmente motes da cultura popular nordestina para falar do amor. Aliás, poemas como "Catimbó", "Reisado", "Bumba-Meu-Boi", "Mandinga", "A força da lua", "Martelo", "A Formiga-de-Roça" e "Toré" têm títulos de certo modo enganosos, pois o leitor insuspeitado não imagina que se trata de poemas de amor, não de registro folclórico. "Catimbó" é, na verdade, a expressão poética de um feitiço de amor. Segundo os costumes populares, recorre-se ao rito do catimbó para atrair a pessoa amada. Pois o poema de Ascenso é justamente uma espécie de encantamento para atrair uma mulher. O feitiço encontra a sua força na figura de Mestre Carlos, cujo poder se evoca ("– Porque de Mestre Carlos é grande o poder!"). Aliás, o verso que evoca o poder de Mestre Carlos, o "rei dos mestres", que "reina no fogo", "reina na água" e "reina no ar", introduz a estrofe em que se enuncia o encantamento ou feitiço ("Pelas *três marias*... Pelos *três reis magos*... Pelo *setestrelo*.../Eu firmo essa intenção,/bem no fundo do coração,/e o *signo de Salomão*/ponho como selo..."). Note-se que todos os elementos mágicos conjurados em favor do feitiço estão em itálico, o que lhes dá mais destaque. Por sua vez, os números três e sete, tradicionalmente associados ao misterioso e ao divino, reforçam o encantamento. A estrofe seguinte traz o objetivo a ser alcançado, já enunciado desde a segunda estrofe: "E ela há de me amar.../Há de me amar.../Há de me amar.../– Como a coruja ama a treva e o bacurau ama o luar!"

Os dois últimos poemas de *Cana caiana* já inauguram uma nova poética amorosa. Com "Teu poema" e "A chama" começa todo um discurso sobre um amor torturado, culpado e conflituoso, que será marcante na poética amorosa de *Xenhenhém*. Aspecto interessante a ser notado é a irreverência do poeta, que tomou para título do seu terceiro livro um regionalismo de conotação vulgar. A palavra "xenhenhém", que dá nome aos dois primeiros poemas do livro, para além de designar um tipo de dança próprio de certas áreas do Nordeste, é sinônimo de genitália feminina. Sem dúvida isso deriva, e ao mesmo tempo reitera, a carga de sensualidade e erotismo fortemente associada aos poemas de amor de Ascenso nesse terceiro livro. Paralelamente, na poética do autor, "xenhenhém" também é uma espécie de onomatopéia que compõe a imagem de uma queixa permanente. Queixa da amada e lamento do poeta, "xenhenhém" é a condensação, em imagem poética, de um amor violento, sensual, conturbado e condenado, mas, ao final de tudo, sublime.

"Xenhenhém n.º 1" é uma queixa de amor, mas em que se percebe que a alegria do amor é maior que a dor. As duas estrofes pares (o poema tem quatro estrofes) são antinômicas. A segunda reflete as delícias do amor: "Xenhenhém... xenhenhém... xenhenhém.../– Coisa gostosa é a gente querer bem!" Enquanto a quarta reflete as suas dores: "Xenhenhém... xenhenhém... xenhenhém.../– Coisa terrível é a gente querer bem!" Por sua vez, em "Xenhenhém n.º 2", a mulher amada é um alívio para o poeta, que sofre as dores do mundo. O paradoxo é que o amor dela é um alento, mas ao mesmo tempo um tormento, presença que é também ausência, motivo de dor e causa de felicidade ("Em meio às minhas muitas dores/talvez maiores do que o mundo,/surges, às vezes, um segundo,/cheia de pérfidos langores."). O poema é nova queixa de amor e ao mesmo tempo traz a imagem de uma situação indefinida ("Súbito, encontro a casa oca./Não estás! – Meu Deus, que coisa louca,/só é na vida um xenhenhém!"). É o primeiro soneto de Ascenso incluído em volume com poemas de "feição modernista". Entretanto, está em versos heptassílabos, ou seja, em redondilha maior. Dá-se, assim, a conjugação entre a forma clássica do soneto e a construção popular em redondilha maior.

Há uma convergência entre o amor e o místico na poética de Ascenso, notável em vários poemas. "Êxtase", por exemplo, é poema curtíssimo, de quatro versos longos, em que ocorre o uso de um registro místico para falar do amor como via de transfiguração e modo de elevação do espírito. A amada é associada a um universo semântico que mistura erotismo e sagrado: calma, langor, suavidade, elevação, transfiguração. É no seio da amada que a alma do sujeito se desprende das contingências do mundo para encontrar sua plenitude ("Emana do teu ser uma tão grande calma,/um langor tão suave, expressivo, profundo,/que tenho a sensação virgem de que minh'alma,/desgarrada de mim, anda solta no mundo."). Assim, na poética de Ascenso Ferreira, o amor carnal e o amor sublime conjugam-se e pavimentam o caminho para a transcendência.

Pega o pirão, esmorecido!

Ascenso Carneiro Gonçalves Ferreira viveu intensamente. Foi homem de grandes paixões: o jogo, a comida, as duas mulheres de sua vida, Stella Griz e Maria de Lourdes Medeiros, e sua filha, Maria Luiza. Mas também foi homem dos amores cotidianos, daqueles de que se tece a trama de uma vida plenamente vivida. Amava sua terra, sua gente. Adorava o carnaval, a festa, a dança, a música e os brinquedos de rua, que freqüentou e dos quais participou fielmente por anos a fio. E, sempre pontuando ou permeando tudo, a poesia. Aliás, se é possível estabelecer um paralelo entre vida e poesia, tão de gosto dos críticos e comentaristas de Ascenso, ele existe precisamente na medida em que a poesia de Ascenso se alimenta da ternura e da paixão de viver do poeta. A vida com suas cores, cheiros, sabores, vozes, imagens inunda a poesia de Ascenso, enchendo seus poemas de alegria ou de dor. A vida, presente nos poemas em toda a sua sensualidade, naquilo que deve ser visto, saboreado, cheirado, sentido, se descortina aos olhos do leitor, convidado pelo poeta a *experimentar* a realidade e a fantasia, a viver o gozo da comunhão da carne e a dor da desaparição ou da morte.

Para Ascenso, portanto, a poesia se alimenta da vida. Não foi à toa, aliás, que no final da vida, doente, já privado de suas comidas favoritas, e limitado em seus movimentos e atividades, Ascenso quase deixou de escrever poemas e mal acompanhou a última edição de sua obra poética, a primeira que levava um selo de editora prestigiada nacionalmente. No entanto, a poesia de Ascenso também alimenta a vida, permite que ela se transfigure e se renove. É no espaço da poesia que Ascenso salvaguarda mundos sociais e universos culturais ameaçados de desaparecimento. Para o poeta pernambucano, é através da palavra que o passado pode ser revivido e o futuro pode ser inventado com múltiplas faces. É a poesia que permite a Ascenso tocar as cordas da sensibilidade humana, delas tirando acordes de dor e alegria, que podem fazer sofrer, gozar, encarar paradoxos e limitações, e fantasiar. É através da poesia que Ascenso constrói sua utopia de um mundo encantado, onde o maior dos temores traveste-se de medo infantil da Cabra-Cabriola e do Pai-do-Mato.

Infelizmente, esse grande poeta permanece conhecido de poucos e ainda é visto por boa parte desses poucos como poeta folclórico e pitoresco. O que se espera com a presente edição é que Ascenso Ferreira se torne acessível a um público mais amplo. Já o propósito desta "Introdução" foi o de sugerir caminhos para a leitura de sua poesia. É claro que não se pretendeu esgotar aqui as possibilidades de interpretação de obra tão rica e cheia de nuances. Porém, procurou-se, sim, sugerir que Ascenso deixe de ser lido como poeta regional, como poeta menor, ou simplesmente pitoresco. Que Ascenso não seja apenas lido como curiosidade, mas que sua poesia possa ser lida e usufruída como a grande obra moderna que é. Tudo que foi dito fica aqui como provocação, na esperança de que esta edição desperte interesses, motive pesquisas, investigações, e que mesmo esta "Introdução" abra o caminho para polêmicas e estudos críticos. A obra de Ascenso é, pode-se dizer sem exagero, quase virgem de esforços interpretativos e investigativos de fôlego. Portanto, ainda há grande trabalho a ser feito. Aos que não têm medo de desafios, lanço uma provocação muito de gosto do poeta: "Pega o pirão, esmorecido!"

VALÉRIA TORRES DA COSTA E SILVA

REFERÊNCIAS BIBLIOGRÁFICAS

ANDRADE, Mário de. *Poesias completas*. Belo Horizonte: Villa Rica, 1993.
BARROS, Souza (org.). *50 anos de* Catimbó. Rio de Janeiro: Cátedra/Brasília: INL, 1977.
BENJAMIN, Roberto. "Itinerário de Ascenso Ferreira". *Arrecifes*. Recife: Prefeitura da Cidade do Recife/Conselho Municipal de Cultura. Ano 20, n.º 7, jul./dez. 1995, pp. 11-31.
CARDOZO, Joaquim. *Poesias completas*. Rio de Janeiro: Civilização Brasileira, 1971.
Cartas de Ascenso Ferreira a Veríssimo de Melo. Natal: Academia Norte-Rio-Grandense de Letras, 1989.
CAVALHEIRO, Edgar. *Testamento de uma geração*. Porto Alegre: Globo, 1944.
CORREYA, Juareiz. *Ascenso, o Nordeste em carne & osso*. Recife: Ed. Bagaço/Nordestal, 2001.
FERREIRA, Ascenso. *Cana caiana*. Recife: Oficinas do Diário da Manhã, 1939.
——. *Catimbó e outros poemas*. Rio de Janeiro: José Olympio, 1963.

——. *Ensaios folclóricos: o maracatu, presépios e pastoris e o bumba-meu-boi*. Recife: Secretaria de Educação do Estado de Pernambuco, DSE/Departamento de Cultura, 1986.

——. *Outros poemas & inéditos*. Org. Juareiz Correya. Recife: Panamérica/Nordestal, 2006.

——. *Poemas: 1922-1949*. Rio de Janeiro: Serviço Gráfico do IBGE, 1951.

——. *Poemas: 1922-1953*. Recife: I. Nery da Fonseca & Cia. Ltda., 1953.

——. *Poemas de Ascenso Ferreira: Catimbó, Cana caiana, Xenhenhém*. Recife: Nordestal, 1981; 5ª ed. 1995.

FRANCESCHINI, Marcele Aires. *Ascenso Ferreira e o modernismo brasileiro*. Orientadora: Maria Augusta Abramo. São Paulo: Departamento de Teoria Literária/FFLCH/USP, 2003. Dissertação (mestrado em Teoria Literária).

LUNA, Luiz. *Ascenso Ferreira: menestrel do povo*. Rio de Janeiro: Paralelo, 1971.

ASCENSO FERREIRA

Manuel Bandeira

Não me lembro se antes de me avistar pela primeira vez com Ascenso Ferreira (foi, se não me engano, em 1928, no Recife) eu já tinha conhecimento dos seus versos. Como quer que fosse, eles foram para mim, na voz do poeta, uma revelação. Pois quem não ouviu Ascenso dizer, cantar, declamar, rezar, cuspir, dançar, arrotar os seus poemas, não pode fazer idéia das virtualidades verbais neles contidas, do movimento lírico que lhes imprime o autor. Assim, em "Sertão", quando ele começa:

> Sertão! – Jatobá!
> Sertão! – Cabrobó!
> – Cabrobó!
> – Ouricuri!
> – Exu!
> – Exu!

a palavra "sertão" é pronunciada em voz de cabeça, como um prolongado grito de aboio, ao passo que "Jatobá" e "Cabrobó" caem pesadamente do peito, sinistramente escandidas, evocando, desde logo, a desolada caatinga. E o resto vem vindo quase sussurrado, num recolhimento quase religioso. Essas seis linhas de *Catimbó* são uma maravilha de sortilégio evocativo, tanto pelo ritmo da estrofe como pela musicalidade dos topônimos Jatobá, Cabrobó, Ouricuri, Exu.

De repente, eis que o bardo abandona o verso livre, o vozeirão catastrófico, e assume o tom dançarino, a saltatriz cadência de quem vai pastoreando reses mansas:

> Lá vem o vaqueiro, pelos atalhos,
> Tangendo as reses para os currais...
>
> Blém... blém... blém... cantam os chocalhos
> dos tristes bodes patriarcais.

Versos de dez, nove e oito sílabas, funcionando dentro do mesmo ritmo, bem marcado e batido. Esta passagem, sem preparação, do verso livre para os versos metrificados e rimados, de cadência acentuadíssima, no extremo limite em que o verso já é quase música, constitui a virtude mais característica da forma tão pessoal de Ascenso Ferreira. Poeta de inspiração popular, a sua técnica do verso é, no entanto, sutil e requintadíssima. Costuma-se falar de verso metrificado e verso livre, como se algum abismo os separasse. Ascenso é o melhor exemplo com que se possa provar que não existe esse tal abismo. Nos seus poemas, mistura ele os versos do ritmo mais martelado, os que por isso mesmo os cantadores nordestinos chamam "martelo", com os versos livres mais ondulosos e soltos, com frases de conversa e música pelo meio. É o que precisamente acontece nesse admirável "Sertão", admirável do princípio ao fim, e onde, depois das notas pastoris, irrompe a toada guerreira do cangaço:

É lamp... é lamp... é lamp...
é Virgulino Lampião...

A seguir, reverte o poeta ao verso livre, sem metro e sem rima, num poderoso efeito de rebôo:

E o urro do boi, no alto da serra,
para os horizontes cada vez mais limpos,
tem qualquer coisa de sinistro como as vozes
dos profetas anunciadores de desgraças...

Depois é a resolução em cadência perfeita:

– O sol é vermelho como um tição!

Sertão!...
Sertão!...

A análise de outros poemas de *Catimbó* e de *Cana caiana*, como "A cavalhada", "Minha terra", "Branquinha", "A Mula-de-Padre", "Graf Zeppelin", "Os engenhos de minha terra", revelaria a mesma agilidade e versatilidade rítmica. Verso metrificado, verso livre, rima, toada musical, frases soltas – todos esses elementos do discurso poético se fundem pela mão de Ascenso numa coisa só, peça inteiriça, onde não se nota a menor emenda, a menor fenda. Não conheço, na poesia brasileira culta, na poesia culta de nenhum outro país, poeta que, a esse respeito, supere o pernambucano.

A essa originalidade de formas se acrescenta outra, mais valiosa, a maneira de sentir e exprimir a terra na sua paisagem e na sua gente. Só nas pinturas de Cícero Dias – do Cícero que ainda não conhecia Paris – encontramos algo de correspondente. Embora Ascenso se sirva muitas vezes do vocabulário e da sintaxe popular (há trechos de poemas seus que são puras transcrições de coisas ouvidas da boca do povo), nunca ele pratica o decalque, a paródia ao jeito de Catulo e outros, nunca aproveita o folclore como simples fator de pitoresco. Diga-se também que, por outro lado, não há na obra de Ascenso nenhuma intenção social de reivindicação, de reabilitação. Na sua poesia, como na pintura de Cícero, o que há é apenas a compreensão total e o amor mais fundo da vida nordestina. Na interpretação de um e de outro encontramos uma qualidade, um sabor sem precedentes, e inimitáveis.

Ler, e sobretudo ouvir Ascenso, é viver intensamente no mundo dos mangues do Recife, do massapê e das caatingas, mundo do bambo-do-bambu-bambeiro, das cavalhadas, dos pastoris, dos reisados, dos bumbas, dos maracatus, das vaquejadas. Mundo onde *as aragens são mansas e as chuvas esperadas: chuvas de janeiro... chuvas de caju... chuvas-de-santa-luzia...* Os poemas de Ascenso são verdadeiras rapsódias do Nordeste, nas quais se espelha amoravelmente a alma ora brincalhona, ora pungentemente nostálgica das populações dos engenhos e do sertão. Ascenso identificou-se de corpo e coração com o homem do povo de sua terra, mesmo quando este é o cangaceiro que a fatalidade mesológica marcou com os estigmas do crime.

Mais de um crítico já assinalou o que há de genuíno na inspiração popular de Ascenso. "É autêntico", escreveu Andrade Muricy. "Não andou se informando. Não fez reportagens de fatos étnicos nem lambiscou o exotismo dos costumes bárbaros do Brasil de ontem com a gula apressada e a ânsia de temas que tanta gente nem sabe esconder." Sérgio Milliet, assinalando como os elementos folclóricos se apresentam perfeitamente "digeridos" nos versos de Ascenso, conclui: "Na realidade, Ascenso é um poeta e não um sociólogo, muito menos um pesquisador. Mas é um poeta que tem o sertão no sangue, que é representativo de uma coletividade no que ela revela de mais original." O mesmo crítico declara a contribuição de Ascenso Ferreira para o modernismo brasileiro "das mais originais".

Caberia aqui indagar qual teria sido, inversamente, a contribuição do modernismo para a formação dessa forte originalidade do poeta. O Ascenso de *Catimbó* e *Cana caiana* poderia manifestar-se sem as influências do modernismo?

Vejamos um pouco o que foi a vida do poeta até o "estalo". Ascenso nasceu na rua dos Tocos, em Palmares, cidadezinha do interior de Pernambuco. Aos sete anos perdeu o pai num acidente dessas cavalhadas que ele cantou num de seus melhores poemas. Mas o orfãozinho tinha uma mãe admirável, abolicionista, que adotava os discursos de Nabuco para modelos de análise lógica no colégio em que era professora. Foi ela a sua primeira e única mestra. Aos treze anos começou Ascenso a trabalhar no comércio. Há que transcrever o que sobre isso escreveu, porque as suas palavras explicam como se foi formando o seu mundo poético ao contato da vida que levava então:

> "Entrei para o comércio. Estabelecimento de ponta de rua, cujo dono era meu padrinho, homem de coração largo e barriga cheia, mas intransigentíssimo com os empregados de seu balcão. *A Fronteira*, nome da casa em que eu trabalhava, está mesmo indicando a sua posição entre a cidade e a zona rural. Passavam os comboios rumo à estação da estrada de ferro e de volta faziam pouso para as compras, lavar os cavalos, dormir no 'Rancho' e, de madrugada, abalar. Foi o 'Rancho' o grande principal cenário de meu mundo folclórico: toadas de engenho! toadas do sertão! cocos! sapateados! ponteios de viola! histórias de mal-assombrados! caçadas, pescarias, viagens, narrações..."

Por esse tempo Ascenso não era ainda, como é hoje, grande em três dimensões. Até os vinte e quatro anos foi tão magro que lhe puseram o apelido de "tabica de senhor de engenho". Depois é que principiou a botar corpo. Meteu-se na política e por causa dela teve de deixar a cidade natal. No Recife, onde se fixou, entrou a recitar nas ruas e em casas de amigos os seus primeiros versos.

Que versos eram esses? Sonetos, baladas, madrigais... A julgar pelos poemas de inspiração amorosa de *Xenhenhém*, não deviam ser grande coisa. Ascenso é bom mas é na poesia extrovertida, onde, como anotou Sérgio Milliet, alcança por vezes acentos épicos. Pois não é verdade que planejou e começou a escrever um longo poema, cujo tema era uma nova revolta dos anjos? Revolta em que ele enfileirava "todos os que representavam conquistas do pensamento, sem falar em mim, que ia na frente da turba braço a braço com Satanás, derrocando mundos e produzindo cataclismos de estrelas..." O poema abria com uma descrição do quadro das secas nordestinas. Parece que nada subsiste do poema gorado. É pena, porque Ascenso a competir com Milton e Guerra Junqueiro devia ser de arromba.

Não sei quando o movimento modernista se propagou ao Recife. Lembra-me que Joaquim Inojosa foi o agente de ligação com os rapazes de São Paulo. Ascenso a princípio não quis saber da novidade. Mas, quando Guilherme de Almeida passou em Pernambuco e declamou o seu poema "Raça" no Teatro Santa Isabel, o futuro autor de *Catimbó* entregou os pontos. "Formara-se o grupo da *Revista do Norte*", contou ele próprio. "Aproximara-me eu de seus componentes mais como boêmio do que como poeta... Benedito Monteiro foi quem maior influência exerceu na minha transformação. Contudo, é preciso não esquecer José Maria de Albuquerque e Mello e Joaquim Cardozo. Do grupo fazia parte também Gilberto Freyre, recentemente chegado dos Estados Unidos, cujos artigos, despertando o amor pelas coisas da nossa tradição rural, tão vivas no subconsciente, calaram fundo no meu espírito. Outra personalidade marcante a quem muito devo é Luís da Câmara Cascudo. Foi ele quem me aproximou de Mário de Andrade e Manuel Bandeira."

O modernismo no Recife, não sei se de si próprio, pela força e originalidade de seus poetas, um Joaquim Cardozo, um Ascenso, não sei se pela ação corretiva de Gilberto Freyre, provavelmente por uma e outra coisa, não caiu nos cacoetes de escola, não aderiu tão indiscretamente quanto o mesmo movimento no sul, sobretudo o de São Paulo, aos modelos franceses e italianos. Tirou todo o proveito da lição sem sacrifício de suas virtudes próprias. Cardozo e Ascenso, tão eles mesmos e tão diversos, são ambos deliciosamente provincianos, no melhor sentido da palavra (no sentido em que a entende Gilberto Freyre), deliciosamente pernambucanos e, no entanto, sem nenhum ranço regionalista. O que Ascenso aproveitou do modernismo terá sido, com o verso livre, a versatilidade de tom, as surpresas do *humour*, a poesia profunda de certos momentos da vida e da linguagem cotidianas. Quando a crítica andou celebrando Augusto Frederico Schmidt como o poeta que, em reação ao gosto do tempo, repusera os ritmos ímpares românticos na poesia nova brasileira, Mário de Andrade escreveu-me indignado: "Basta a gente lembrar o Ascenso pra dar risada disso." De fato: uma das constantes rítmicas de Ascenso são os metros ímpares – de 5 sílabas em "Maracatu", "A pega do boi", "Toré", "Xangô", "Senhor São João", "Noturno", "Martelo", "77", "Trem de Alagoas"; de 11 sílabas em "Misticismo", "História pátria"; de 5 a 11 em "Folha verde", "A Mula-de-Padre", "A Cabra-Cabriola"; de 9 sílabas em "Sertão", "Reisado", "Arco-Íris", "Ano-bom"... Pode-se mesmo dizer que o esquema rítmico de Ascenso é este: seqüência de ímpares, verso livre (uma ou mais frases soltas), seqüência de ímpares:

> Papel picadinho,
> três quilos de massa,
> seis limas de cheiro,
> três em cada mão...
>
> – Chiquinha danou-se porque eu
> quebrei uma nos peitos dela!
> . . . .
> Agora o cavalo corria... corria...
> (Passear a cavalo era a sedução)
> Chegando na porta de minha Maria,
> riscava o cavalo, saltava no chão.
>
> ("Meu carnaval")

Mas para que insistir nesses aspectos formais? Aquele "papel picadinho", aquelas "limas de cheiro" me restituíram agora, de chofre, o Recife de minha infância, o Recife que viverá para sempre, capibaribemente, nos versos de Ascenso. Porque o poeta soube escolher, soube pôr nos seus poemas o detalhe certeiro que evoca e fixa para sempre...

*Prefácio à edição de luxo
do livro "Poemas" (1922-1951)*

ASCENSO FERREIRA, "REI DOS MESTRES"

SÉRGIO MILLIET

Quem não ouviu falar, nas rodas intelectuais do Brasil, de Ascenso Ferreira, *rei dos mestres*, que *aprendeu sem se ensinar*? É a própria voz do Nordeste, tão autêntica, tão pura, que certos poemas seus já se tornaram anônimos, já viraram folclore. A gente ouve, gosta, sente e nem sequer pergunta de quem são, porque se ouvem como expressões naturais de uma cultura característica. Assim, na Idade Média não se ia indagar da autoria dos ornatos da catedral, que eram de um mas também eram de todos.

Conhecer Ascenso quem não conhece? Mas é preciso andar com ele pelas ruas de Olinda, comendo pitangas colhidas nas cercas vivas, é preciso tomar água-de-coco com ele, e aquela branquinha pra "esquentar o frio", nas tardes mais úmidas do Recife, e ouvi-lo cantarolar meio engroladamente seus versos, para entender o que na realidade representa Ascenso Ferreira, um fenômeno brasileiro que vai desaparecendo, infelizmente, tal qual a velha cidade recuando ante o avanço dos estúpidos arranha-céus.

Nestes tempos de progresso e igualmente de angústias, de dúvidas, de "homens partidos", Ascenso é a presença saudosa de um Brasil que desejaríamos intocável, permanente e crescendo sem aculturações. Uma utopia, é certo, mas que se impõe a nós, com tamanha força, que os próprios filhos de imigrantes, no sul, com ela sonham, dela e para ela vivem.

> Dos engenhos de minha terra
> só os nomes fazem sonhar...

Os nomes ficam mas os homens morrem. E muito breve que significarão esses nomes para os nossos netos, se uma voz não houver fixado nas canções e nos livros toda a riqueza sentimental que um dia contiveram? Ascenso Ferreira terá sido no futuro uma dessas raras vozes que ouvirão os pósteros, entre sorridentes ante o lado pitoresco e olhos melancólicos à evocação de uma coisa que era em verdade outra coisa...

Seus versos, em particular, os que nascem de uma inspiração mestiça, bem da terra, são *madeira que cupim não rói*, jacarandá desse que as usinas derrubaram para a devastação da monocultura. Jacarandá da casa-grande, substituído pelo compensado e a matéria plástica nos apartamentos sem ar, nem luz, nem plantas, das margens profanadas do Capibaribe.

Há na poesia de Ascenso Ferreira duas maneiras bem distintas, ambas autênticas, e exprimindo em conjunto a personalidade do poeta. Há a maneira folclórica, feita de observação e assimilação da alma popular, feita de ternura e humor e que nos deu "Toré", "Xangô", "Trem de Alagoas", a maioria dos poemas de *Cana caiana*. E há a maneira mais pessoal, no sentido de íntimo, [...] num verso menos sincopado, mais fluido, sem humor nem pitoresco. Apesar de certo preciosismo sintático:

> Porque quero gozar o viço que no seu lábio estua!

e da procura de metáforas mais literárias:

> Há veludos de imbaúba nessas redes de teus
> [olhos

a pureza não se corrompe e o nosso poeta encontra mesmo acentos novos, de uma naturalidade que descobre, num ritmo largo e sereno como o das águas dos rios recifenses, sua forma perfeita:

> Eu vou cantar baixinho ao pé do teu ouvido
> [uma canção estranha!
> Mas exijo que um grande silêncio se faça
> [entre nós dois...

Na renovação poética do Brasil, já o observou Manuel Bandeira, o grupo do Recife escapou à influência imediata e imperialista dos modelos europeus. Da revolução que se iniciou em São Paulo só lhe interessou a liberdade conquistada. Graças a ela pôde não apenas assenhorear-se de novas técnicas mas ainda ir pesquisar as soluções tradicionais e populares. Daí o valor brasileiro – talvez intraduzível – de poetas como Joaquim Cardozo e Ascenso Ferreira.

Da obra deste faz-se agora a presente edição popular. Não podia haver iniciativa mais útil. O Brasil inteiro a esperava.

*Prefácio à edição popular
do livro "Poemas" (1922-1953)*

CRONOLOGIA

1895. Nasce o poeta, no dia 9 de maio, em Palmares, município da Zona da Mata, sul de Pernambuco, "coração do açúcar". Filho da professora pública Maria Luísa Gonçalves Ferreira e do comerciante Antônio Carneiro Torres, é registrado como Aníbal Torres, por decisão do pai, que contrariava o desejo da mãe de nomear o filho de "Ascenso".

1896-1907. Infância em Palmares. O próprio poeta comenta que foi "menino terrível, endiabrado, verdadeiro moleque de rua. Ia à escola a pulso". Aos seis anos torna-se órfão de pai, falecido em virtude de um acidente numa cavalhada.

1908. Começa a trabalhar aos treze anos, na loja do padrinho de batismo, Joaquim Ribeiro. Segundo testemunho de Ascenso, as experiências vividas na loja do padrinho Quincas foram marcantes e fundamentais para a conformação de sua poética: "O nome da loja – A Fronteira – lembrava os limites entre as áreas rural e urbana. Ficava em terras do

Engenho Paranhos. Aí tive os primeiros contatos com boiadeiros, tangerinos, almocreves, a massa rural, enfim, cujos aspectos de vida se tornariam depois o tema mais forte da minha poesia."

1911. O poeta considera esse um ano de grande importância para o seu destino. Pernambuco, seu estado natal, passa por um momento de intensa agitação política, em decorrência de disputas acirradas entre as duas maiores forças políticas do estado, os dantistas (ligados ao general Dantas Barreto) e os rosistas (adeptos de Rosa e Silva). Ascenso, por fidelidade aos Gonçalves Ferreira, alinha-se aos "marretas" (designação dada aos rosistas, que estavam sendo alijados do poder). Por influência da mãe, que fora abolicionista e era admiradora de Joaquim Nabuco, participa ativamente de reuniões e atividades políticas na sua cidade, o que o leva a sofrer represálias, perseguições e ameaças de prisão. Nesse ano, publica seu primeiro trabalho literário, o soneto "Flor fenecida", no jornal *A Notícia*, de Palmares.

1912-13. Continua a perseguição política ao jovem poeta. Morre o padrinho, Quincas, e, com a conseqüente liquidação da loja, Ascenso perde o emprego. Sua mãe, dona Marocas, é demitida após vinte e cinco anos de serviço como professora pública. A impossibilidade de sair livremente às ruas leva Ascenso a um período de muitas leituras na biblioteca do Clube Literário de Palmares, considerada, ao tempo, a melhor do interior do Nordeste. Lê, desordenadamente e "numa ânsia de beber instrução", as obras completas de Nina Rodrigues, Aluísio Azevedo, Machado de Assis, José de Alencar e Eça de Queiroz, além de Flaubert, Balzac, Guerra Junqueira, Chateaubriand, Goethe e Feliciano de Castilho. Publica sonetos, baladas e madrigais em jornais de Palmares e do Recife.

1914-15. O soneto "Pro pace", dedicado ao ministro Oliveira Lima, é publicado no *Diário de Pernambuco*. Oliveira Lima agradece a homenagem em carta elogiosa, que destaca os méritos do jovem poeta. O episódio repercute sobre a imagem do estreante, cujo nome começa a adquirir maior respeitabilidade em Palmares. Consegue emprego na prefeitura da cidade.

1917. Funda, juntamente com Barros de Carvalho, Fenelon Barreto, Barros Lima, Antônio Freire, Artur Griz e Carlos Rios, a sociedade "Hora Literária de Palmares", que se reúne semanalmente nos salões do Clube Literário. Muda seu nome de registro para Ascenso Carneiro Gonçalves Ferreira.

1919. Vai para o Recife em junho, tornando-se, através de concurso, escriturário do Tesouro do Estado. Momento trágico para Ascenso, pois o senador Fausto Figueiredo, que o ajudara a mudar para a capital, é assassinado em praça pública, no Recife. A morte de Fausto Figueiredo representa o fim das esperanças acalentadas pelo poeta de uma oportunidade na Câmara Federal.

1920-22. José Maria de Albuquerque Melo, Manuel Caetano Filho, Benedito Monteiro, Honório Monteiro e outros criam, no Recife, o "Núcleo de Defesa Artística", com o objetivo de discutir e promover a preservação de monumentos e obras artísticas pertencentes à história e à tradição pernambucanas. Segundo Neroaldo Pontes de Azevedo, desse "Núcleo" sairia o grupo fundador da *Revista do Norte*, "um órgão importante da pregação regionalista".

1921. Após sete anos de namoro e noivado conturbados, Ascenso casa-se, no Recife, em questão de dias, com a palmarense Maria Stella de Barros Griz. Stella é filha do poeta Fernando Griz. O casal não tem filhos naturais, mas viria a adotar um menino, que receberia o nome de Gilberto Griz.

1922. Primeiros sinais de renovação nos meios literários pernambucanos. Ascenso Ferreira começa a participar de encontros com Osório Borba, Benedito Monteiro, Joaquim Cardozo, José Maria de Albuquerque Melo e Luís Jardim no "cenáculo" da Esquina Lafaiete (os encontros ocorriam no Café Continental). Colabora no *Diário de Pernambuco*, em *A Província* e demais jornais do Recife.

Em São Paulo, no mês de fevereiro, acontece a Semana de Arte Moderna. Na seqüência, Mário e Oswald de Andrade editam *Klaxon: revista de arte moderna*. Vem a público o livro *Paulicéia desvairada*, de Mário de Andrade, um marco da primeira fase do modernismo paulista. Joaquim Inojosa publica, em outubro, um artigo no jornal *A Tarde*, "Que é futurismo", que acende em Pernambuco a polêmica entre "passadistas" e "futuristas". Joaquim Inojosa lidera os "futuristas", enquanto Oscar Brandão e João Barreto de Menezes fazem a defesa da arte "passadista".

1923. Início da publicação da *Revista do Norte*, da qual participam especialmente os companheiros da Esquina Lafaiete, sob a liderança de José Maria de Albuquerque Melo. Joaquim Cardozo publica, na *Revista do Norte*, vários poemas modernos, tendo o Recife e as transformações decorrentes do processo de modernização urbana como temática.

1923-24. Ascenso conhece Luís da Câmara Cascudo, que viria a exercer considerável influência sobre sua poesia, além de aproximá-lo de Mário de Andrade e Manuel Bandeira. Também tem início a amizade com Gouveia de Barros e Souza Barros, grandes incentivadores de sua atividade poética.

Publica, na revista *Mauricéia*, de Joaquim Inojosa, o alexandrino que se torna famoso nas rodas artísticas do Recife da época, "Adeus! Eu voltarei ao sol da primavera!" Em novembro de 1924 publica, no *Jornal do Commercio*, um poema de transição para a poesia moderna, "Salomé". Ascenso nunca quis inserir esses dois poemas nos livros que publicou em vida, e que reúnem sua produção "moderna".

1924. Em abril é fundado o Centro Regionalista do Nordeste, que congrega nomes como Odilon Nestor, Gilberto e Alfredo Freyre, Carlos Lyra Filho, Pedro Paranhos e Júlio Belo. O objetivo do Centro é "desenvolver o sentimento da unidade do Nordeste". Mais tarde, Gilberto Freyre apontaria o Centro como parte das atividades do "regionalismo tradicionalista, a seu modo modernista", que se desenvolveu no Nordeste, a partir de Pernambuco.

Joaquim Inojosa envia uma carta para a revista *Era Nova*, da Paraíba, em que faz uma defesa dos princípios defendidos pelos modernistas paulistas em 1922. O texto "A arte moderna" tem repercussão em Pernambuco e estados vizinhos, e vem a ser publicado em plaquete. Oswald de Andrade publica o "Manifesto da poesia pau-brasil", que de certo modo inaugura a fase primitivista e nacionalista do modernismo paulista.

Na Faculdade de Direito, Ascenso recita pela primeira vez, em público, "Sertão", "Folha verde" e outros poemas modernos, entre vaias e aplausos dos estudantes. Na ocasião, é acusado, por alguns, de perturbar uma sessão em homenagem à prestigiada declamadora de poesia "passadista" Ângela Vargas.

1925. Guilherme de Almeida visita o Recife, realizando conferência no Teatro de Santa Isabel, em que declama o poema "Raça". O poeta paulista é ovacionado pelo público. Ascenso conhece Guilherme de Almeida, que aprecia seus poemas e o incentiva a continuar produzindo poesia moderna.

Maior aproximação de Ascenso com o grupo da *Revista do Norte* (Joaquim Cardozo, José Maria de Albuquerque Melo, Benedito Monteiro, Luís Jardim e Osório Borba). Estas pessoas iriam influir e participar, logo depois, da publicação do seu primeiro livro, *Catimbó*.

Publicação do *Livro do Nordeste* com o poema inédito "Evocação do Recife", de Manuel Bandeira. Mário de Andrade publica o ensaio "A escrava que não é Isaura", fazendo um balanço do modernismo de primeira hora, ao mesmo tempo que destaca a importância do "amor esclarecido ao passado e o estudo da lição histórica".

1926. Realiza-se, no Recife, o Primeiro Congresso Regionalista do Nordeste. Ascenso Ferreira participa das sessões solenes de abertura e encerramento, declamando seus poemas ("Samba", "Sertão", "Catimbó", "Gata Borralheira", "Palmares" e outros). A revista *A Pilhéria* anuncia a edição próxima de *Catimbó* e publica, pela primeira vez, um poema moderno de Ascenso Ferreira, "Lusco-fusco", inserido em *Catimbó* sob o título definitivo de "Boca-da-noite".

1927. Ascenso conhece Manuel Bandeira, que visita o Recife e o incentiva a mergulhar de cabeça nos poemas que seriam enfeixados em *Catimbó*. Publicação de *Catimbó*, pela Revista do Norte, com desenho de capa e ilustração de Joaquim Cardozo e composição gráfica de José Maria de Albuquerque Melo. Ascenso faz sua primeira viagem ao Rio de Janeiro e a São Paulo, para divulgação de *Catimbó*. O livro é bem recebido nas duas cidades, sendo elogiado por João Ribeiro, Peregrino Júnior, Álvaro Moreyra, Tristão de Athayde e Mário de Andrade.

1928. Ascenso conhece pessoalmente Mário de Andrade, que está de passagem pelo Recife. É lançada a *Revista de Antropofagia* (1ª dentição), na qual Ascenso publica três poemas: "Sucessão de São Pedro", "Bahia" e "Toré". Mário de Andrade publica *Macunaíma*.

1929. Segunda edição de *Catimbó* e segunda viagem ao Sudeste. Ascenso realiza recitais no Teatro de Brinquedos e na residência de d. Olívia Penteado, onde conhece pessoalmente várias figuras expressivas do modernismo paulista: Eugênia Álvaro Moreyra, Cassiano Ricardo, Adelmar Tavares, Anita Malfatti, Maria do Carmo de Melo Franco, Menotti del Picchia, Oswald de Andrade, Afonso Arinos de Melo Franco e Tarsila do Amaral.

1930. Mário de Andrade volta ao Recife e se hospeda na casa de Ascenso Ferreira. Crescente identificação entre os dois, através do interesse pelo folclore brasileiro.

1934. Ascenso participa do Congresso Afro-Brasileiro realizado no Recife, dirigido por Gilberto Freyre.

1939. Publicação de *Cana caiana*, com ilustrações de Lula Cardoso Ayres e harmonizações musicais de Souza Lima. O livro, nessa primeira edição, é dedicado a Manuel Bandeira e Mário de Andrade. Grande êxito de *Cana caiana*, que repercute não só em novas edições, mas em repetidos recitais. Terceira viagem ao Rio de Janeiro, em que se aproxima de Portinari, Sérgio Milliet, Osvaldo Costa e outros.

1942-44. A convite de Souza Barros escreve, para publicação na revista *Arquivos* da prefeitura do Recife, artigos sobre o folclore nordestino: "Maracatu", "Presépios e pastoris" e "O bumba-meu-boi". Aposenta-se como diretor da Receita do Tesouro e dedica-se ao comércio de ferro-velho e de sacos para cereais e açúcar.

1945. Conhece Maria de Lourdes Medeiros, moça bem mais jovem que o poeta, já cinqüentão a essa altura, e que seria o "segundo grande amor" de sua vida.

1946. Nova viagem ao Sul, com Lula Cardoso Ayres. Repercussão positiva da pintura de Lula e dos recitais de Ascenso.

1947-50. Período de insegurança para o poeta. Alguns poemas novos publicados em jornais refletem inquietações diante da Segunda Guerra: "Black-out", "Expedicionário", "Inflação" – ou inquietações emocionais de artista, como as estampadas em "Meu poema do São Francisco". Estes e outros poemas mais sentimentais, inspirados por seu novo amor – Maria de Lourdes –, iriam formar seu terceiro livro: *Xenhenhém*, que só seria publicado pela primeira vez, juntamente com *Catimbó* e *Cana* *caiana*, na edição de luxo, lançada em 1951, pela José Olympio.

1948. Nascimento de Maria Luiza, filha de Ascenso com Maria de Lourdes Medeiros. Ascenso volta-se inteiramente para a filha.

1951. A José Olympio publica edição de luxo dos seus poemas de feição modernista, organizada por Souza Barros e composta dos três livros: *Catimbó*, *Cana caiana* e *Xenhenhém*. A edição – *Poemas: 1922-1949* – vem com "Prefácio" de Manuel Bandeira, ilustrações de Lula Cardoso Ayres, Cícero Dias e Luís Jardim, e autógrafo musical de Villa-Lobos.

Ascenso colabora com os ensaios "É de Tororó" e "Maracatu", na coletânea *É de Tororó*, organizada por Hermilo Borba Filho para a Livraria Editora Casa do Estudante do Brasil.

1953. Aparecimento da edição popular dos seus, *Poemas: 1922-1953*, também organizada por Souza Barros. A edição tem "Prefácio" de Sérgio Milliet, trabalhos críticos de Mário de Andrade, Câmara Cascudo e Roger Bastide, e ilustrações de Suanê, Manoel Bandeira (pintor), Carybé e Lula Cardoso Ayres.

Viagem ao Sul por três meses. No Rio de Janeiro, São Paulo e em Minas Gerais participa de vários recitais, inclusive em programas de televisão. Grava motivos folclóricos para os Ministérios da Educação e da Agricultura e, na Embaixada dos Estados Unidos, para a biblioteca do Congresso americano.

1955. Participa ativamente da campanha presidencial de Juscelino Kubitschek.

No Congresso de Escritores, realizado em Goiânia, conhece e convive por alguns dias com Pablo Neruda, encontro que o deixa bastante impressionado. Neruda teria corrigido, para Ascenso, o poema "Cuba libre".

1956. Contrato com José Olympio para uma nova edição dos seus poemas. Nomeado por Juscelino para a direção executiva do Instituto Joaquim Nabuco de Pesquisas Sociais, é exonerado do cargo dez dias depois, antes mesmo de tomar posse. A exoneração resulta da pressão exercida por um grupo de intelectuais do Recife, que se opõe à nomeação de Ascenso para o cargo. Segundo o depoimento de Maria de Lourdes, o episódio deixa Ascenso muito abalado, chegando a afetar sua saúde.

1957. Preparação de *64 poemas escolhidos e 3 historietas populares*, álbum de discos (LP) prensado pelos Irmãos Rozemblit, do Recife, com apresentação de Câmara Cascudo, para lançamento junto com a publicação, pela José Olympio, das obras completas do poeta.

1960-62. Viaja mais uma vez ao Rio de Janeiro e, a convite do Clube Nordestino, visita o Rio Grande do Sul. Ascenso adoece seriamente e já não se preocupa com a poesia.

1963. Edição, pela José Olympio, de *Catimbó e outros poemas*, último livro publicado em vida do poeta, com três poemas novos, acrescentados a *Xenhenhém*. O livro tem ilustrações de Luís Jardim.

1964. Agrava-se o estado de saúde do poeta, que leva a vida entre o hospital e a casa, onde fica sob os cuidados da família.

1965. Morre Ascenso Ferreira, no dia 5 de maio, no Hospital Centenário do Recife, apenas quatro dias antes de completar 70 anos.

1969. Inauguração do busto do poeta (escultura de Armando Lacerda) no Cais do Apolo, no Recife.

1977. Edição comemorativa do cinqüentenário de *Catimbó*, organizada por Souza Barros, com ensaios de amigos, escritores e artistas sobre o poeta: *50 anos de* Catimbó.

1981. Publicação de *Poemas de Ascenso Ferreira: Catimbó, Cana caiana e Xenhenhém*, pela Nordestal, no Recife, após dezoito anos de completo silêncio editorial. Além dos três livros de Ascenso, a edição da Nordestal contém uma seção intitulada "Outros poemas", composta por quatorze poemas não publicados em livro até então, inclusive os poemas "Bahia" e "Cuba libre".

1995. Quinta edição do livro *Poemas de Ascenso Ferreira*, pela Nordestal, que inaugura o projeto editorial do Centenário de Nascimento de Ascenso Ferreira. São excluídos os quatorze poemas publicados na seção "Outros poemas", da edição de 1981.

NOTA À PRESENTE EDIÇÃO

Esta é a 6.ª edição da poesia reunida de Ascenso Ferreira e baseia-se na 5.ª edição de *Poemas de Ascenso Ferreira*, publicado pela Nordestal, em 1995, reunindo seus três livros de poesia: *Catimbó, Cana caiana* e *Xenhenhém*. É, portanto, composta pelos oitenta e um poemas editados ainda em vida do autor. No que se refere à fixação do texto, optou-se preferencialmente pela forma adotada na edição de 1951, organizada por Souza Barros, a não ser quando o cotejo com as edições de 1953 e 1963 (José Olympio) apontou correções provavelmente incorporadas pelo autor aos poemas. O cotejo das três edições da poesia completa de Ascenso, publicadas quando o poeta era vivo, em comparação com as subseqüentes, permitiu o restabelecimento da ordem de alguns poemas. Paralelamente, um exemplo de como o cotejo da edição de 1951 com as edições de 1953 e 1963 possibilitou a fixação de algumas correções está no título do poema "Carnaval *do* Recife", que aparece na edição de 1951 como "Carnaval *no* Recife". A troca de "no" para "do" foi registrada em 1953, mantida em 1963, e é coerente com o próprio corpo do poema.

Note-se que as principais diferenças entre as edições da poesia de Ascenso dizem respeito a caixas-altas e baixas. A edição de 1963, da José Olympio, que parece ter servido de inspiração para a subseqüente, da Nordestal, adota caixa-baixa para criaturas do imaginário popular, como a "Cabra-Cabriola", a "Mula-de-Padre", e para seres ou folguedos, como a "Formiga-de-Roça" e o "Bumba-Meu-Boi". No entanto, a opção da presente edição foi a de reconstituir a grafia original, em caixa-alta, que se registra em 1939 (*Cana caiana*), 1951 e 1953, e é mais coerente com a própria poética de Ascenso, onde essas criaturas são individualizadas e todo o universo que elas representam tem uma grande relevância simbólica e um *status* de peculiar legitimidade. Nesta edição foram também restabelecidos os itálicos, tal como utilizados por Ascenso em 1951.

Em casos como a expressão "seteestrelo", do poema "Catimbó", a opção foi manter essa grafia, tal qual se registra nas edições de 1951 e 1953. A mudança para "sete-estrelo" em 1963 parece ter sido correção do editor, até porque a grafia "sete-estrelo" altera a métrica original, modificando o ritmo do poema. Em vários poemas, estrofes originalmente separadas (conforme as edições de 1951 e 1953) aparecem conjugadas a partir de 1963. São erros nítidos, repetidos nas edições posteriores e que foram aqui corrigidos, voltando-se à formatação original. Algumas alterações de vírgulas, observadas a partir de 1963, foram consideradas devidas ou não, conforme a cadência e a métrica do verso em questão. No poema "Mulata sarará", o verso que figura a partir de 1963 como "és, *na* verdade, uma coisa bonita" volta neste volume ao formato adotado nas edições de 1939, 1951 e 1953: "és, *de* verdade, uma coisa bonita". Aspas aparentemente esquecidas, em qualquer das edições, foram repostas, em consonância com a coerência interna dos poemas.

A grafia das palavras obedece à norma ortográfica vigente, exceção feita em contextos específicos. É o caso de "cafussus" no poema "Misticismo n.º 2", que a edição da José Olympio corrigiu para "cafuzas", e que volta, na presente edição, a assumir sua formulação original, com base no entendimento de que tanto a dita correção de 1963 implicou mudança na sonoridade do poema, quanto a utilização de vocábulos arcaicos é elemento constitutivo da poética de Ascenso Ferreira. As ilustrações e notações musicais inseridas no presente volume foram retiradas das várias edições de sua poesia reunida.

CATIMBÓ
CANA CAIANA
XENHENHÉM

CATIMBÓ

RITMO NOVO

Mário de Andrade

No Brasil, fazia tempo que a poética modernista andava sem novidade. Depois da primeira arrancada cheia de turtuveios e enganos, umas tantas personalidades se fixaram em caracteres bem firmes e os outros foram se eliminando por si mesmos. Não tiveram paciência para agüentar o tranco, mas pelo menos tiveram a audácia de serem discretos, o que é bem raro no Brasil.

Depois... Depois, a cousa pegou e todo espírito um pouco mais espertinho fez verso livre ou imaginou que estava fazendo verso livre, falou em dinamismo, em alegria e em brasilidade. Está claro que muitos desses "segundos", além de terem direito de poetar (diz que o país é livre), têm legitimidade.

Às vezes até melhoraram uma ou outra tendência dos iniciadores. Porém nenhum deles apresentou por enquanto uma solução de poesia moderna que a gente possa chamar de pessoal.

Depois que as personalidades dos iniciadores se fixaram, só mesmo Ascenso Ferreira com este *Catimbó* trouxe pro modernismo uma originalidade real, um ritmo verdadeiramente novo. Esse é o mérito principal dele a meu ver, um mérito inestimável.

Agora: não basta originalidade para uma obra ter valor, não. O ritmo novo que Ascenso Ferreira veio cantar para nós era, além de novo, emocionante. Por causa da bonita força lírica do poeta e o cheiro profundo de terra e de povo que o poema trazia.

E é mesmo por causa desse ritmo novo e de Ascenso Ferreira ser tão macanudamente lírico e tão nosso, que o livro é magnífico acima dos perigos que reforça ou apresenta.

Porque o livro de Ascenso Ferreira é um dos mais tendenciosamente perigosos que têm aparecido no modernismo nosso.

Em primeiro lugar, ele renova e reforça uma das tendências mais estrambólicas e passadistas do modernismo brasileiro: a poesia oratória. É um contra-senso porventura racial, porém que não deixa de ser contra-senso, o termos caído numa poesia em que a voz entra como elemento de valorização.

Eu não me esqueço que a gente está na época dos alto-falantes, das sociedades radioeducadoras, das ortofônicas e... das *diseuses*, não. Porém estamos principalmente no período do jornal, do livro e da pressa.

Se é verdade que a afobação não entra como elemento social direto na orientação de qualquer tendência estética, pelo menos ela influi para-esteticamente, designando não o tamanho das obras, mas as condições em que as obras podem ser recebidas pelo público. Livro, jornal, a gente lê no bonde, na sala de espera, em casa, no trem. O rádio e o fonógrafo, embora orais como base de funcionamento, em princípio concordam ainda com a comodidade apressada da época e facilitam a realização artística, levando-a diretamente para o meio da rua e para o quarto de dormir. Assim, numa época eminentemente leitora, tipográfica, os brasileiros diz que foram fazer modernismo, em vez, auxiliados pelo romantismo cochilante da terra e da raça, caíram no aproveitamento dos encantos da voz e dos efeitos orais. Nos tornamos rapsódia. Sem falar nos poetas de béstias coloridos que são inteiramente desprezíveis, em Guilherme de Almeida, Ronald de Carvalho e outros a dicção entra diretamente como elemento criador.

E nos mais sutis mesmo, nos que escaparam, por questão de personalidade unicamente, da poesia oratória, em Manuel Bandeira e Oswald de Andrade, por exemplo, não são raros os efeitos orais. Em Oswald de Andrade, então, eles são mesmo um processo visível e, infelizmente, fácil da criação poética.

Efeitos orais de todo gênero, dizeres antiquados, modismos sintáticos ou vocabulares originados da incultura popular, e... chaves de ouro.

Disso está cheio *Pau-Brasil*. Se pode observar que ele inventou uma transposição admirável da chave de ouro (a chave de ouro é sempre oratória, mesmo quando conceituosa), a chave de ouro cômica nos poeminhas de *Pau-Brasil*, mas nem por isso o conceito virtuosístico da chave de ouro deixou de existir.

Ora, Ascenso Ferreira, em *Catimbó*, eleva ao máximo possível a tendência rapsódica da poesia brasileira. O "Maracatu" chega a ser inteiramente cantado.

Digo "máximo possível" porque depois do compromisso entre fala e música que ele inventou (poemas "Catimbó", "Sertão", "O samba", "A cavalhada", "Reisado", "Bumba-Meu-Boi" etc.), em que um dilúvio de vezes atinge notações de um *whispering baryton*, depois dos ritmos coreográficos de cocos, maracatus, sambas de matutos que transpôs admiravelmente para a poesia, maior sistematização sonora é diretamente música.

Mas dentro do seu rapsodismo cantador sempre Ascenso Ferreira teve o mérito de não descambar nunca para béstia acadêmico. Até foge dele com bom gosto refinado, escapando da retórica, por intermédio da ironia ou da maliconia, que nem na louvação de "Minha terra".

Outro compromisso perigoso que Ascenso Ferreira desenvolveu ao paroxismo é o compromisso entre verso metrificado e verso livre. Compromisso praticado aliás com uma eficácia surpreendente que por vezes assume o valor de uma rítmica nova e sutil. Que nem por exemplo nestes versos de rítmica bizantina, em duas acentuações:

Porque quero gozar o viço que no
   [seu lábio estua!
Quero sentir sua carícia branda
   [como um raio da lua!
Quero acordar a volúpia que no
   [seu seio dorme...

A solução rítmica de Ascenso Ferreira é notabilíssima como variedade, ineditismo e acomodação. Acomodou, como ninguém, a frase oral, o verso medido e o verso livre. "A cavalhada" é um exemplo magnífico disso:

   Fitas e fitas...
   Fitas e fitas...
   Fitas e fitas...
   Roxas,
   verdes,
   brancas,
   azuis...
   Alegria nervosa de bandeirinhas trêmulas!
   Bandeirinhas de papel bulindo no vento...
   .. ..

   – Lá vem Papa-Légua em toda carreira
   e vem com os arreios luzindo no sol!
   – Danou-se! Vai tirar a argolinha!
   – Pra quem será?
   – Lá vem Pé-de-Vento!
   – Lá vem Tira-Teima!
   – Lá vem Fura-Mundo!
   – Lá vem Sarará!

Na notação popular, fortemente ritmada, Ascenso Ferreira é inexcedível. Tendo abandonado as Cortes de Amor do Recife pelos terreiros dos pais-de-santo, pelos pátios de noite, entre catimbozeiros, bêbedos e cantadores, pelos cocos da praia, ele tira a melhor expressão da sua originalidade dos elementos folclóricos. Atravessam o livro quase todo uma psicologia profética de feitiçaria e um ritmo de refrão que são, unidos, a palavra nova que o poeta veio nos cantar.

Porém, mesmo nisso, ainda reside uma traição perigosa. Se pode falar que, em *Catimbó*, tem uma ausência trágica de Brasil. Sob o ponto de vista social é um livro deletério, quintessenciando o regionalismo até o máximo outra vez e caindo num particularismo exclusivista quase bárbaro. No Pará, em Minas, em Mato Grosso, no Rio de Janeiro, no Paraná, no Rio Grande do Sul etc. *Catimbó* é um livro exótico. Direi apenas, para melhorar a expressão, que é livro fraternalmente exótico.

Está claro que nada disso prejudica o valor específico de *Catimbó* e que acho muito grande. Porém já estão prejudicando a poesia e o poeta. Nem bem *Catimbó* foi conhecido e já vão surgindo imitações e falseações dele. Se a influência for grande teremos na certa uma exacerbação nova de regionalismo e os poetas se tornarão alagoanos, catarinenses, paraibanos e outras limitações que por serem fáceis ainda são mais odiosas. Por outro lado o ritmo de estribilho de que Ascenso Ferreira faz a expressão mais gozada e das mais originais de *Catimbó* é fácil de ser falseada e já está sendo.

Mas sobretudo as tendências que chamei de perigosas do livro estão prejudicando o próprio poeta. Primeiro, porque a maneira de dicção não pode ser recriada por todos. Além disso o poeta arrisca a se tornar escravo dos seus processos e a desaparecer no meio deles. No próprio livro já se nota isso.

Ascenso Ferreira tem um lirismo sentimental da melhor água. Em geral, porém, os poemas sentimentais do livro são muito ruins. Mas o lírico que sentiu o admirável "Misticismo" e evocou a deliciosa "Folha verde" tem muito que dar nesse gênero. Porém, mesmo dentro de *Catimbó* essa face do poeta escapole da percepção do... auditório, ante a contribuição de origem folclórica, mais colorida e divertida. Ora, a parte do folclore que o poeta estilizou e sistematizou em *Catimbó* pode ser variada mas não é fecunda. Um segundo livro, no mesmo gênero, tornará o poeta um imitador de si mesmo. Na verdade, o poeta se meteu num mato gostoso mas traiçoeiro como o quê. Em Arte é perigoso e até trágico a gente adquirir a fatalidade do palhaço que depois de inventada a careta divertida tem que a repetir 365 vezes por ano. E não pode mais mudar porque o público não gosta, só gosta da careta e pede mais.

Como está se vendo, minhas críticas agora não são críticas mais, são namoros com o mundo. Daí complicações sutis. Em vez de tornar Ascenso Ferreira mais compreensível para os outros, andei neste artigo botando Ascenso Ferreira dentro de si mesmo para que possa humanizar toda a manifestação forte de poeta que tem no corpo e lhe desenvolva toda a possibilidade.

Pode chegar a grande poeta. E já deve estar feliz de não ter seguido pelas estradas batidas. Escutou o caborje cantado de Anamburucu, uma das três mães d'água, caiu no santo e pôde abrir picada nova para "chegar" mais depressa. E chegou mesmo! *Catimbó* é um dos livros mais originais do modernismo brasileiro.

("Diário Nacional", São Paulo, 1927)

CATIMBÓ

Mestre Carlos, rei dos mestres,
aprendeu sem se ensinar...
– Ele reina no fogo!
– Ele reina na água!
– Ele reina no ar!

Por isto, em minha amada acenderá a paixão
[[que consome!
Umedecerá sempre, em sua lembrança, o meu
[nome!
Levar-lhe-á os perfumes do incenso que lhe
[vivo a queimar.

E ela há de me amar...
Há de me amar...
Há de me amar...
– Como a coruja ama a treva e o bacurau ama
[o luar!

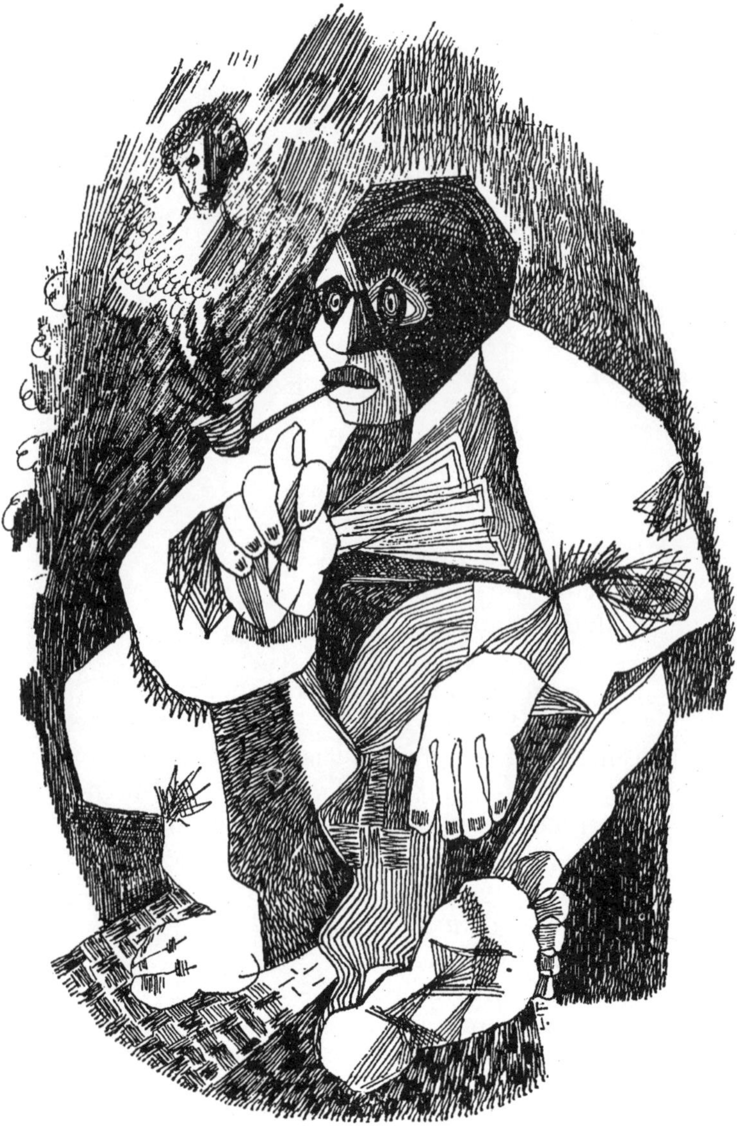

À luz do *setestrelo* nós havemos de casar!
E há de ser bem perto.
Há de ser tão certo
como que este mundo tem de se acabar...

Foi a *jurema* de sua beleza que embriagou os
[meus sentidos!
E eu vivo tão triste como os ventos perdidos
que passam gritando na noite enorme...

Porque quero gozar o viço que no seu lábio
[estua!
Quero sentir sua carícia branda como um raio
[da lua!
Quero acordar a volúpia que no seu seio dorme...

E hei de tê-la,
hei de vencê-la,
ainda mesmo contra seu querer...
– Porque de Mestre Carlos é grande o poder!

Pelas *três-marias*... Pelos *três reis magos*...
[Pelo *setestrelo*
Eu firmo esta intenção,
bem no fundo do coração,
e o *signo de Salomão*
ponho como selo...

E ela há de me amar...
Há de me amar...
Há de me amar...
– Como a coruja ama a treva e o bacurau ama
[o luar!

Porque Mestre Carlos, rei dos mestres,
reina no fogo... Reina na água... Reina no ar...
– Ele aprendeu sem se ensinar...

SERTÃO

Sertão! – Jatobá!
Sertão! – Cabrobó!
– Cabrobó!
– Ouricuri!
– Exu!
– Exu!

Lá vem o vaqueiro, pelos atalhos,
tangendo as reses para os currais...

Blém... blém... blém... cantam os chocalhos
dos tristes bodes patriarcais.

E os guizos fininhos das ovelhinhas ternas:
dlim... dlim... dlim...

E o sino da igreja velha:
bão... bão... bão...

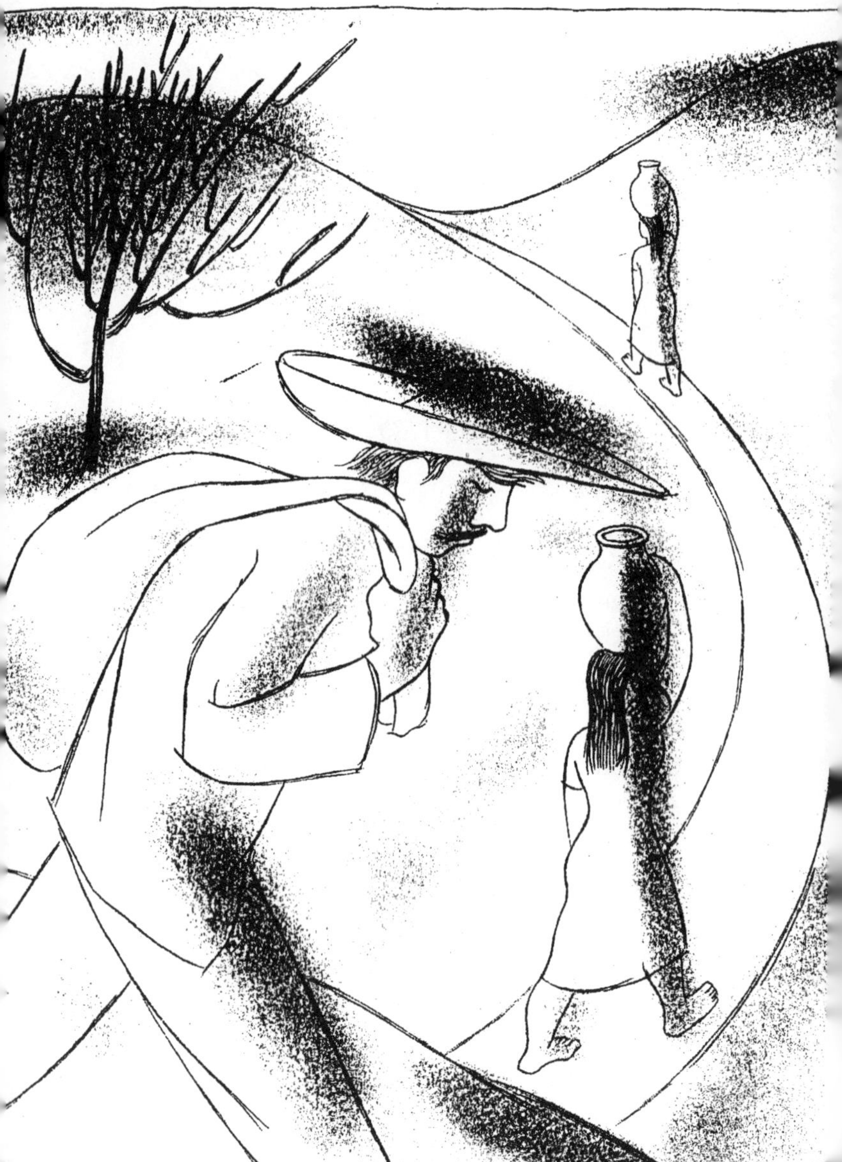
LULA CARDOSO AYR

O sol é vermelho como um tição!

Lento, um comboio move-se na estrada,
cantam os *tangerinos* a toada
guerreira do *Tigre* do sertão:

"É lamp... é lamp... é lamp...
é Virgulino Lampião..."

E o urro do boi no alto da serra,
para os horizontes cada vez mais limpos,
tem qualquer coisa de sinistro como as vozes
dos profetas anunciadores de desgraças...

– O sol é vermelho como um tição!

– Sertão!
– Sertão!

O SAMBA

Os leques das bananeiras tomaram formas
                              [humanas
e andam na sala, lentos, a abanar:

"Olha o macaco saruê,
Olha o macaco saruá..."

Mas, pouco a pouco, se vão transformando
em saltos de cabritos alegres, a brincar:

"Lá no meu sertão,
tem muita quixaba,
que é cumê de caba
também de cristão..."

E agora lembram asas de gavião
adejando, trêmulas, no ar:

"Penera as asas, gavião,
penera as asas, gavião, →

penera as asas, gavião,
vai penerar..."

Porém, a vertigem chegou!
Chegaram os ímpetos da ventania;
domina a imagem dos pés-de-vento do sertão...

E a dança, de súbito, mudou:
É como a roca da rendeira quando fia
o fio fino de algodão...

E os corpos são
como esses grandes parafusos de poeira
que o vento levanta furioso no ar...

É o parafuso do samba
cheio das voltas todas que a cantiga dá:

"Olha o Bambo-do-bambo-bambu-bambeiro,
olha o Bambo-do-bambu-bambá...
Olha o Bambo-do-bambo-bambu-bambeiro,
do-bambo-bambu-bambeiro,
do-bambo-bambu-bambá..."

Mas a ventania passou!

O parafuso, também, já não gira vertiginoso
                                   [pelo ar...

Os leques das bananeiras, de novo tomaram
                                   [formas humanas
e andam na sala, lentos, a abanar:

"Olha o macaco saruê,
olha o macaco saruá..."

A CAVALHADA

   Fitas e fitas...
Fitas e fitas...
Fitas e fitas...
        Roxas,
           verdes,
              brancas,
                 azuis...

Alegria nervosa de bandeirinhas trêmulas!
Bandeirinhas de papel bulindo no vento!...

Foguetes do ar...

– "De ordem do Rei dos Cavaleiros,
a cavalhada vai começar!"

   Fitas e fitas...
   Fitas e fitas...
   Fitas e fitas... →

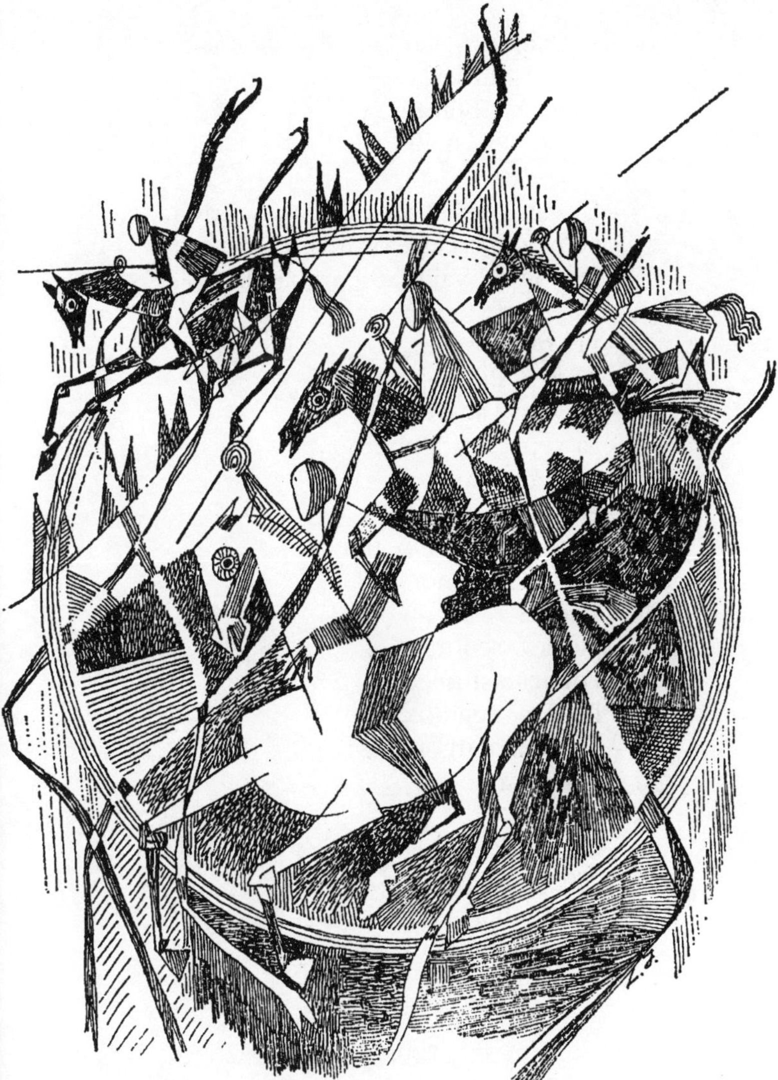

Roxas,
    verdes,
        brancas,
            azuis...

– Lá vem Papa-Légua em toda carreira
e vem com os arreios luzindo no sol!
– Danou-se! Vai tirar a argolinha!

– Pra quem será?
– Lá vem Pé-de-Vento!
– Lá vem Tira-Teima!
– Lá vem Fura-Mundo!
– Lá vem Sarará!
– Passou lambendo!
– Se tivesse cabelo, tirava!...
– Andou beirando!...
– Tirou!!!
– Música, seu mestre!
– Foguetes, moleque!
– Palmas, negrada!
– Tiraram a argolinha!
– Foi Sarará!

Fitas e fitas...
Fitas e fitas...
Fitas e fitas...
    Roxas,
        verdes,
            brancas,
                azuis...

– Viva a cavalhada!
– Vivôô!!!

– "De ordem do Rei dos Cavaleiros, a cavalhada vai terminar!"

MISTICISMO

Na paisagem da rua calma,
tu vinhas vindo... vinhas vindo...
e o teu vestido era tão lindo
que parece que tu vinhas envolvida na tu'alma...

Alma encantada;
alma lavada
e como que posta ao sol para corar...

E que mãos misteriosas terão feito o teu
                                      [vestido,
que até parece o de Maria Borralheira,
quando foi se casar!...

– Certamente foi tecido
pelas mãos de uma estrela fiandeira,
com fios de luz, no tear do luar...
no tear do luar...

O teu vestido que parece o de Maria Borralheira
quando foi se casar...

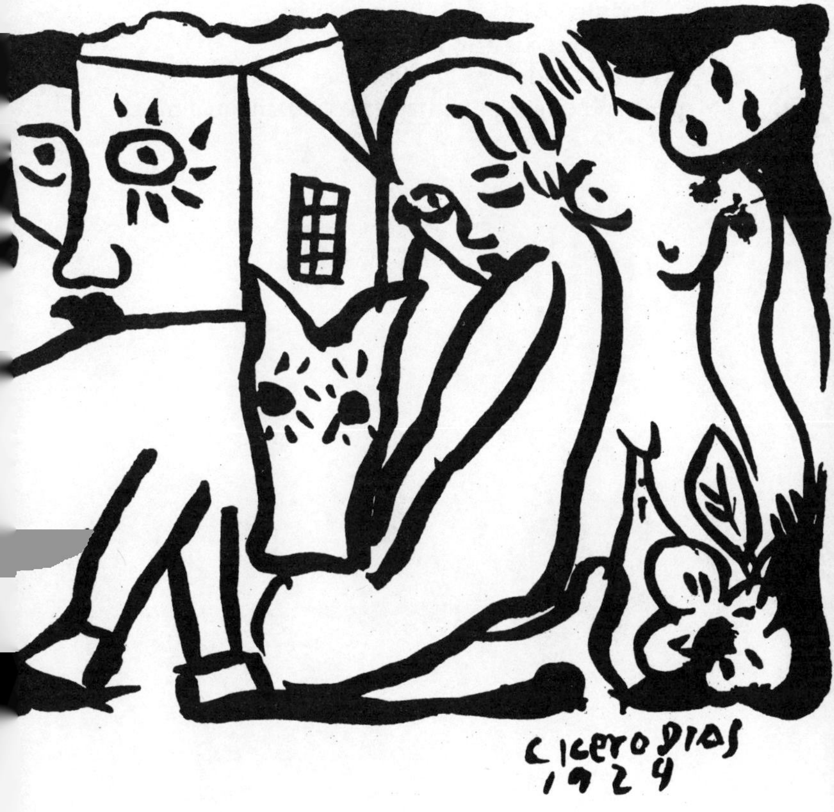
Cicero Dias
1924

– "Cor do mar com todos os peixinhos!...
– Cor do céu com todas as estrelas!..."

E vinhas vindo... vinhas vindo...
na paisagem da rua calma,
e o teu vestido era tão lindo
que parece que tu vinhas envolvida na tu'alma...

DOR

Oh! Paisagem nua...
povoada de árvores magras
sem folhas verdes para o vento brincar...

– Nem uma lâmina d'água no rio exausto,
em cujas areias as emas esmolambadas
espojam-se a gritar!

E o seu grito rouco
é bem um grito de dor
no silêncio da paisagem nua,
toda crivada de espinhos
como a fronte de Jesus!...

Como são exíguos e sinuosos os caminhos!
– Até parecem destinos de *indesejáveis*...

As pedras disformes
lembram cousas enormes:
 – Os monstros que não couberam na arca de
[Noé!

E em meio à limpidez de um céu sem manchas
tremeluz,
infernalmente luminoso,
um sol assassino!
 Oh! Paisagem nua!
 – D O R .

REISADO

"Gunvernadô destes Brasi,
dai-me licença pra divirti..."

– "Ô de casa! – Ô de fora!
– Manjerona quem, 'stá aí?

– Ou é um cravo, ou é uma rosa,
ou a fulô do bogari..."

Governadora de meu pensar,
dá-me licença para contar:

Naquele dia, minha formosa,
quando teu vulto, de longe, vi,
disse minh'alma, por ti ansiosa:
ou é um cravo, ou é uma rosa,
ou é a flor do bogari...

Hoje, te mando essa alma ansiosa...
Ai! Se ao senti-la perto de ti, →

também dissesses, minha formosa:
– Ou é um cravo, ou é uma rosa,
ou é a flor do bogari...

BUMBA-MEU-BOI

"Se a aguardente era o diabo, pra que bebeu?
Se o copo era grande, pra que encheu!"

"Se a aguardente era o diabo, pra que bebeu?
Se o copo era grande, pra que encheu!"

Na arena a gás iluminada,
aos tombos entra o beberrão...
Mateu castiga na bexigada
e *Catirina* no sopapão!

– "Ai, que moleza desgraçada!
Acuda... acuda... Capitão!"

– "O freguês que bebe não é bom cristão!
– Peia nele, mestre Mateu!"

E o coro canta, em profusão:
 "Se a aguardente era o diabo, pra que bebeu?
 Se o copo era grande, pra que encheu!"

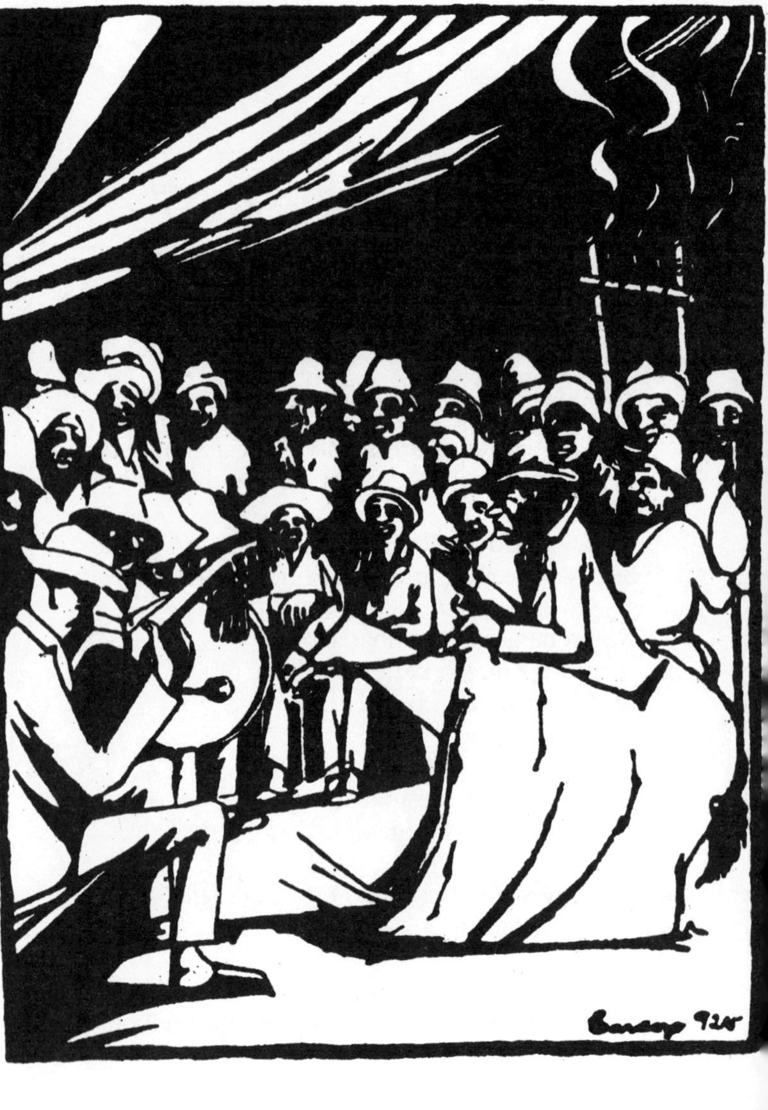

"Se a aguardente era o diabo, pra que bebeu?
Se o copo era grande, pra que encheu!"

Ai! Lá vêm os bêbados de amor aos tombos
pela arena do Bumba-Meu-Boi da vida!
Que bêbados impertinentes!

Se a mulher era o diabo, pra que bebeu
essa jurema que é o beijo seu!

Se a mulher era o diabo, pra que bebeu
essa jurema que é o beijo seu!

MARACATU

Zabumbas de bombos,
estouros de bombas,
batuques de ingonos,
cantigas de banzo,
rangir de ganzás...

– Loanda, Loanda, aonde estás?
Loanda, Loanda, aonde estás?

As luas crescentes
de espelhos luzentes,
colares e pentes,
queixares e dentes
de maracajás...

– Loanda, Loanda, aonde estás?
Loanda, Loanda, aonde estás?

A balsa no rio
cai no corrupio, →

faz passo macio,
mas toma desvio
que nunca sonhou...

– Loanda, Loanda, aonde estou?
Loanda, Loanda, aonde estou?

MINHA ESCOLA

A escola que eu freqüentava era cheia de grades
                              [como as prisões.
E o meu Mestre, carrancudo como um Dicionário;
complicado como as Matemáticas;
inacessível como *Os Lusíadas* de Camões!

À sua porta eu estacava sempre hesitante...
De um lado a vida... – A minha adorável vida
                              [de criança:
Pinhões... Papagaios... Carreiras ao sol...
Vôos de trapézio à sombra da mangueira!
Saltos da ingazeira pra dentro do rio...
Jogos de castanhas...
– O meu engenho de barro de fazer mel!

Do outro lado, aquela tortura:
"As armas e os barões assinalados!"
– Quantas orações?
– Qual é o maior rio da China? →

– A2 + 2AB = quanto?
– Que é curvilíneo, convexo?
– Menino, venha dar sua lição de retórica!
– "Eu começo, atenienses, invocando
a proteção dos Deuses do Olimpo
para os destinos da Grécia!"

– Muito bem! Isto é do grande Demóstenes!
– Agora, a de francês:
– "Quand le christianisme avait apparu sur la
[terre..."
– Basta.
– Hoje temos sabatina...
– O argumento é a bolo!
– Qual é a distância da Terra ao Sol?
– ?!!
– Não sabe? Passe a mão à palmatória!
– Bem, amanhã quero isso de cor...

    Felizmente, à boca da noite,
      eu tinha uma velha que me contava histórias...
    Lindas histórias do reino da Mãe-d'Água...
      E me ensinava a tomar a bênção à lua nova.

ARCO-ÍRIS

– Como é bonito! Como é bonito!
Cheio de cores... cheio de cores...

– Viva o Arco-Íris! – ecoa um grito.
– Oh! Como é belo! Tem sete cores...
– Está bebendo água no riacho!
– Vamos cercá-lo... vamos cercá-lo...
– Vamos passar nele por baixo!
– Vamos passá-lo... vamos passá-lo...
– Fugiu do riacho... – Subiu o monte...
– Vamos pegá-lo... vamos pegá-lo...
O monte é no alto... Só o horizonte
vazio resta... Onde encontrá-lo?

Fugiu...
A chuva fina tem carícias de morte...
Fugiu...
Para o sul? Para o norte? →

– Quem sabe?
Desapareceu...
Além...

VIDA – Arco-Íris também...

MANDINGA

Ânsias!
Volúpias!
Tédios!
Terrores!
Assombros!
Paixões!
Quebrantos do mal de amor!
Vertigens do mal de amor!

que a esta criatura
encheis de tortura
encheis de loucura
e alucinações!...

    E tornais o seu suspiro tão triste que até
                                [causa dó!
    Tornais o seu suspiro tão triste que é de
                                [cortar coração...
como se fora o choro de uma cria apartada
mugindo em vão... →

em vão...
em vão...

"Pelas almas, santas, benditas...
– As três que morreram enforcadas...
– As três que morreram degoladas...
– As três que morreram do mal de amores...

Por todas três...
Por todas seis...
Por todas nove..."

– "Não mais vivereis!"

– "Antes, morrereis..."

"De sete em sete,
de seis em seis,
de cinco em cinco,
de quatro em quatro,
de três em três,
de dois em dois,
de um em um..."

Para que fique su'alma sã,
como sã também ficou
a alma da pecadora
que se prostrou
aos pés
de Nosso Senhor Jesus Cristo!
Amém...

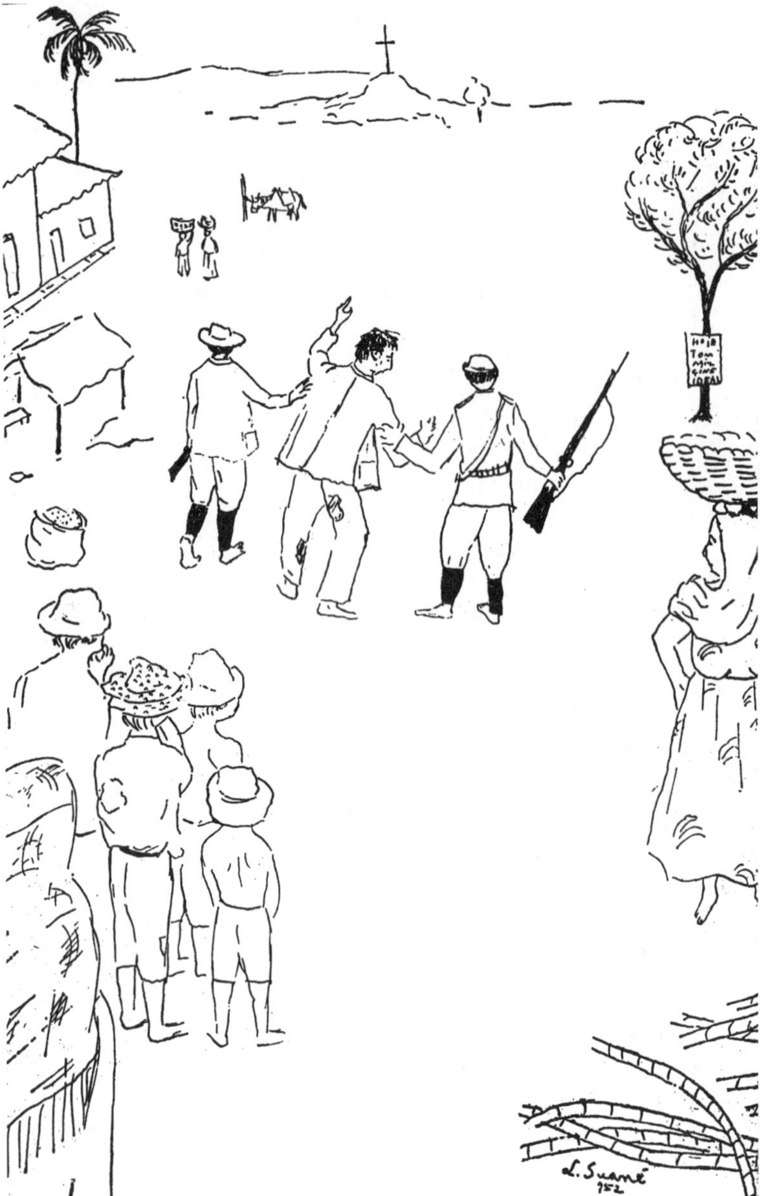

Tom
Mix
CINE
IDEAL

OS BÊBADOS

Ai! Que saudade dos bêbados de fim de feira,
dos interessantes bêbados de fim de feira
que o imposto de consumo afugentou!

No pátio deserto, ai! que melancolia!
que científica melancolia
depois que a feira se acabou!

Antigamente, porém, não era assim...
não se fechavam as vendas
sem primeiro se expulsarem os cachaceiros,
vezes até com panaços de facão:

– Patrão; eu sô é home!
não arrespeito outoridade...

   – Bote uma bicada mode esquentá o frio!
   – Bote uma bicada pra baixá o calô!

A polícia chegava...
pegava um soldado em cada ponta,
toca a carregar bêbado pro quartel!
O bêbado escoiceava...
a negrada vaiava!
– Lá se ia Mané-Pai-d'Égua em procissão:

– "Vai bebê
vai te embriagá
vai caí na rua
pra puliça te pegá!"

Hoje, entretanto, que desolação!
No pátio deserto é aquela pasmaceira...
nem um bêbado só para semente
vadiando na rua entre os gritos de vaia...

Ai! Que melancolia nas vendas fechadas!
Que tristeza científica nas vendas fechadas!
Que saudade dos bêbados de fim de feira!

MÊS DE MAIO

O altar de gazes adornado,
parece um ninho de noivado...

E a gente chega a interrogar
se Nossa Senhora vai casar...

Um perfume de rosas no ar trescala:
– São as rosas de carne que há na sala.

Rosas morenas,
rosas louras como espigas maduras.
– Ó perfumosas
e puras
rosas pálidas como açucenas!

Súbito, ecoa no espaço um som:
Kirie eleison... Kirie eleison...

E as bocas carminadas rezam baixinho...
baixinho: ➜

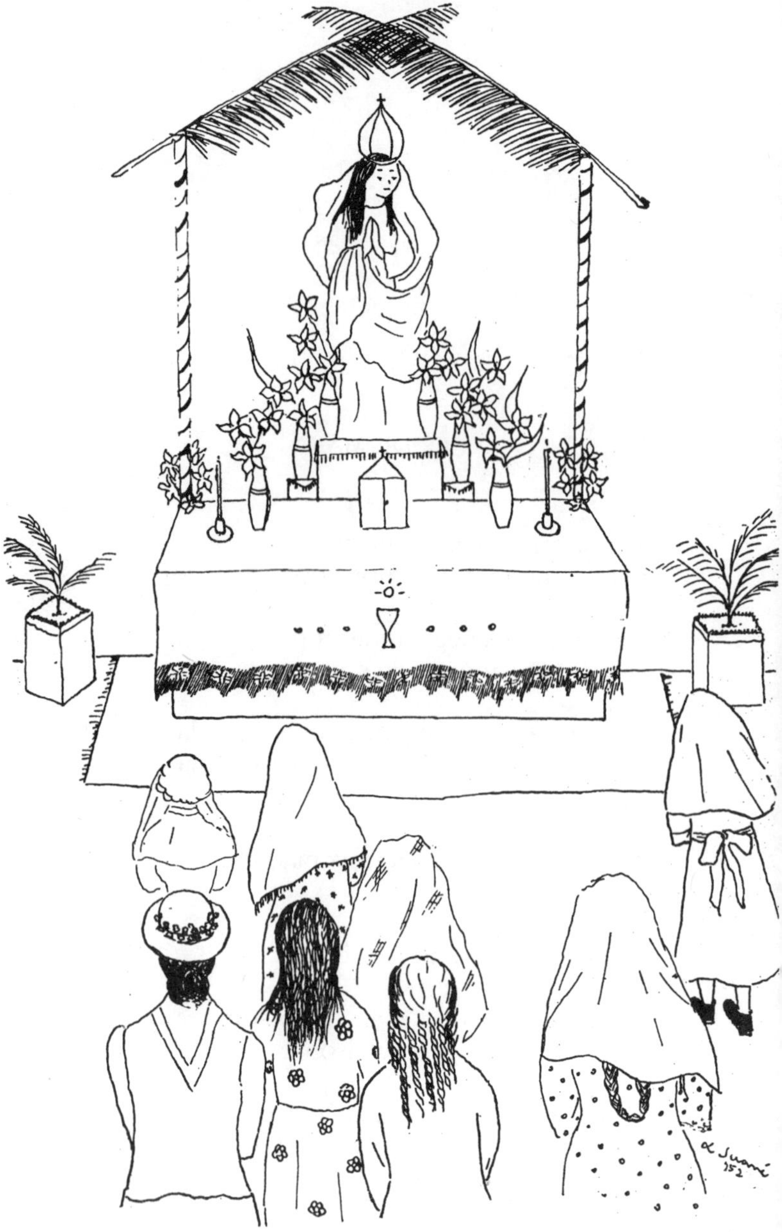

"Ó Mãe castíssima!
Ó Vaso espiritual!
Ó Espelho da Justiça!
Ó Rainha concebida sem pecado original!
Ó Consolação dos aflitos!
Ó Senhora dos Infinitos!
Ó Torre de Davi!
Ó Estrela da Manhã!
Ó Escada de Jacó!
Ó Rosa de Sião!
Ó Lírio de Jericó!
Ó Rainha Cristã!
Ó!...

Rogai por nós
que recorremos a vós..."

Um perfume de rosas no ar trescala.
– São as rosas de carne que há na sala.

O incenso queima diante do altar;
o mês de Maio vai terminar...

Com seus deliciosos braços nus,
as rosas fazem o Sinal-da-Cruz...

Amém...

CARNAVAL DO RECIFE

Meteram uma peixeira no bucho de Colombina
que a pobre, coitada, a canela esticou!
Deram um rabo-de-arraia em Arlequim,
um clister de sebo quente em Pierrô!

E somente ficaram os máscaras da terra:
Parafusos, Mateus e Papangus...
e as Bestas-Feras impertinentes,
os Cabeções e as Burras-Calus...
realizando, contentes, o carnaval do Recife,
o carnaval mulato do Recife,
o carnaval melhor do mundo!

– Mulata danada, lá vem Quitandeira,
lá vem Quitandeira que tá de matá!

– Olha o passo do siricongado!
– Olha o passo da siriema!
– Olha o passo do jaburu!

– E a Nação-de-Cambinda-Velha!
– E a Nação-de-Cambinda-Nova!
– E a Nação-de-Leão-Coroado!

– Danou-se, mulata, que o queima é danado!

– Eu quero virá arcanfô!

Que imensa poesia nos blocos cantando:
"Todo mundo emprega
grande catatau,
pra ver se me pega
o teu olho mau!"

– Viva o Bloco das Flores! – Os Batutas! –
                    [Apois-Fum!
(Como é brasileira a verve desse nome:
                    [Apois-Fum!)
E o clube do Pão Duro!
(É mesmo duro de roer o pão do pobre!)

– Lá vem o homem dos três cabaços na vara!
"Quem tirar a polícia prende!"

– Eh, garajuba!

"Carnavá, meu carnavá,
tua alegria me consome...
chegô o tempo das muié largá os home!
chegô o tempo das muié largá os home!

Chegou lá nada...

chegou foi o tempo d'elas pegarem os homens,
porque chegou o carnaval do Recife,
o carnaval mulato do Recife,
o carnaval melhor do mundo!

– Pega o pirão, esmorecido!

BOCA-DA-NOITE

Já não brincam como crianças as árvores
                    [verdes,
as lindas árvores verdes de minha terra
                    [tropical!

Meninas obedientes vão cedo para o agasalho
e vestem o timão pardacento das sombras!

No rio lerdo as baronesas movem-se lentas.
Tão lentas que até parecem paradas!
– As baronesas que vão a caminho do mar...

Cantam as araquãs na mata silenciosa
onde há rumores confusos de vozes estranhas...
– Talvez pássaros que se aninham!
– Talvez caiporas a gritar!

Ai! Eu tenho medo das caiporas
que andam pelas florestas a vagar...

No azul cansado brilha primeiro o olho vivo
[da Papa-Ceia!

E eu vejo a boca-da-noite
mastigando o sol
como um fruto passado.

FOLHA VERDE

Folha verde – meninice,
deliciosa meninice das gentes de minha terra,
que eu tanto amei e senti...

Cavalos correndo,
engenhos moendo,
Japarandubas, Trombetas, Pirangi...
Banhos no rio!
Lavandeiras!
Jangadas de bananeiras!
Pescarias de covo e de jequi...

Folha verde! – Deliciosa meninice das gentes
[de minha terra,
que eu tanto amei e senti...

Os sinos sonoros que falam do céu!
A feira, o mercado, bananas, cajus!
Imbaúbas macias como veludo,
ingás mais macios do que veludo!

Babá-do-Arroz-Doce, Sá-Biu-dos-Cuscuz,
"o home dos caranguejo e dos siri!"
Folha verde! – Deliciosa meninice das gentes
[de minha terra,
que eu tanto amei e senti...

Lua cheia! Lua-por-Sol!
desfazendo-se em luar...
– Manja Real!
– Saltar e pegar!
– Boca de forno!
– Forno!
– Pai do Poço!
– Olha a cobra que te morde!
– Sai do caminho, deixa eu passar
– Vamos brincar de esconder!
– Pronto, já me escondi...

Folha verde! – Deliciosa meninice das gentes
[de minha terra,
que eu tanto amei e senti...

TRADIÇÃO

Terraço da Casa-Grande de manhãzinha,
fartura espetaculosa dos Coronéis:

– Ó Zé-estribeiro! Zé-estribeiro!
– Inhôôr!
– Quantos litros de leite deu a vaca Cumbuca?
– 25, seu Curuné!
– E a vaca Malhada?
– 27, seu Curuné!
– E a vaca Pedrês?
– 35, seu Curuné!
– Sóó? Diabo! os meninos hoje não têm o qui
[mamar!

MINHA TERRA

Minha terra não tem terremotos...
nem ciclones... nem vulcões...

As suas aragens são mansas e as suas chuvas
[esperadas:
chuvas de janeiro... chuvas de caju...
[chuvas-de-santa-luzia...

Que viço mulato na luz do seu dia!
que amena poesia, de noite, no céu:

— Lá vai S. Jorge esquipando em seu cavalo
[na lua!
— Olha o Carreiro-de-São-Tiago!
— Eu vou cortar a minha íngua na Papa-Ceia!

O homem de minha terra, para viver, basta
[pescar!
e se estiver enfarado de peixe, arma o mondé
e vai dormir e sonhar... →

que pela manhã
tem paca louçã,
tatu-verdadeiro
ou jurupará...
pra assá-lo no espeto
e depois comê-lo
com farinha de mandioca
ou com fubá.

O homem de minha terra arma o mondé
e vai dormir e sonhar...

    O homem de minha terra tem um Deus-de-
                               [Carne-e-Osso!
– Um Deus verdadeiro,
que tudo pode, tudo manda e tudo quer...
    E pode mesmo de verdade.
    Sabe disso o mundo inteiro:

– Meu padinho Pade Ciço do Joazero!

    O homem de minha terra tem um Deus-de-
                               [Carne-e-Osso!
Um Deus verdadeiro...

Os guerreiros de minha terra já nascem feitos.
Não aprenderam esgrima nem tiveram
                            [instrução...
Brigar é do seu destino:
– Cabeleira!
– Conselheiro!
– Tempestade!
– Lampião!

Os guerreiros de minha terra já nascem feitos:
– Cabeleira!
– Conselheiro!
– Tempestade!
– Lampião!

O GÊNIO DA RAÇA

Eu vi o Gênio da Raça!!!

(Aposto como vocês estão pensando que eu
vou falar de Rui Barbosa.)

   Qual!
O Gênio da Raça que eu vi
foi aquela mulatinha chocolate
fazendo o passo do siricongado
na terça-feira de carnaval!

CATIMBÓ

É Lamp, é Lamp, (1)

Macaco Sarvê (2)

Quixaba (2a)

Gavião (2b)

Bambo (2c)

Bumba-meu-boi (3)

Maracatu (4)

CANA CAIANA

CANA CAIANA

Luís da Câmara Cascudo

Quando fui estudar Direito na Faculdade do Recife conheci Ascenso Ferreira, Ascensão, olhando a vida do alto de um metro e noventa e pisando com cem quilos as ruas velhas. Era ainda tempo em que estudante não era político e todo ele assentava polme como literatura *in-fieri*. Ascenso fazia sonetos e um deles ficou célebre: – "Adeus! Eu voltarei ao sol da Primavera". Chovesse, ou encandeasse o sol, fatalmente, na despedida, vinha a *chave de ouro*: – "Adeus! Eu voltarei ao sol da Primavera". Ascenso, durante cinco anos, foi um companheiro dileto, solidário, com as caminhadas sem rumo, namorando casario colonial, calcando as pedras que viram Nassau e ceando peixe frito num *frege* ou devorando abacaxis no cais que se chamava *dos Abacaxis*. Essas horas eram delirantemente poéticas. Assisti Ascenso largar o "Sol da Primavera" e escrever e dizer seus versos iniciais, absolutamente *copyright by Ascensão*. Animei-o a desacatar as meninas que gemiam poemas líricos e bradar os versos novos, cheirando a mato e a brasilidade, livres de títulos e de doutrinas. Ascenso, primeiro que outro no Brasil, incluiu no recitativo um trecho musical popular, um refrão, um trecho de embolada, como impressão sonora de cor e ambição local. Ao princípio, só a claque aplaudia. Era uma estupefação, um assombro, aquele gigante dizendo versos e cantando coisas jamais cantadas no Santa Isabel ou nos salões ricos de usineiros. Depois, ninguém discutiu Ascenso e não há quem o ouça para não sentir o encanto irresistível duma poesia estranha e doce, bravia e sincera, cheia de vitalidade e de força evocadora. Ninguém o imitará mas Ascenso criou, como ninguém fez, sua maneira. "Feliz de quem encontrou sua maneira de expressão", dizia Tristan Tsara. Ascenso Ferreira é, evidentemente, um homem feliz. Em 1927, publicou *Catimbó*. No texto estava um documentário musical, com o "macaco saruê", com as "quixabas", com o "bambo-bambê", com "lamp-é-lamp", com o "bumba-meu-boi" e "maracatu". Ascenso, gordão, lento, risonho, com dois olhos imensos de bondade, falando grosso como o Pai da Mata, dando risadas de acordar todos os defuntos de Santo Amaro, alcançou, de golpe, notoriedade indiscutível. Cita-se Ascenso como um Poeta legítimo.

Do *Catimbó* recordo este "Arco-Íris":

> Como é bonito! Como é bonito!
> Cheio de cores... cheio de cores...
>
> – Viva o Arco-Íris! – ecoa um grito.
> – Oh! Como é belo! Tem sete cores... →

– Está bebendo água no riacho!...
– Vamos cercá-lo... vamos cercá-lo...
– Vamos passar nele por baixo!
– Vamos passá-lo... vamos passá-lo...
– Fugiu do riacho... – Subiu o monte...
– Vamos pegá-lo... vamos pegá-lo...
O monte é no alto... Só o horizonte
vazio resta... Onde encontrá-lo?

Fugiu...
A chuva fina tem carícias de morte...
Fugiu...
Para o sul? Para o norte?
– Quem sabe?
Desapareceu...
Além...

VIDA – Arco-Íris também...

Agora sai *Cana caiana*. No mesmo diapasão. Com a mesma técnica. Um livro diverso com outro sabor, com sonoridades, tristezas, alegrias, entusiasmos dessemelhantes. *Copyright by Ascensão*. Novamente o cosmorama se acende para o desfile das figuras eternas. Passam xangôs e torés, cavalos-marinhos, coivaras de S. João, engenhos de açúcar, casas-grandes, sonhos, danças negras, misticismo, alucinação, saudade, quebranto. Tudo passa ao embalo dum ritmo de rede de tapuarana, erguida nos caibros da *latada* ao clarão da lua cheia. Ali vivem morenas do cabelo cacheado, águas do Capibaribe, molhando muralhas esquecidas, palmeiras mortas, Megaípe soberba, marcha de trens, trote de bichos, carreiras de "Mula-sem-cabeça", roncos de "Lobisomem". Revive até um ascendente de Ascenso, fazendeiro do Brejo da Madre de Deus que, nos domingos de missa, puxava a espada e bradava aos ares limpos do dia festivo: – Quem não acreditar em Nosso Senhor Jesus Cristo, apareça!

E, de *Cana caiana*, lembro esse "Nordeste" que fixa a sonolência sensual de outrora, no tempo generoso dos *bangüês* que davam barões imperiais.

> O ferreiro malhando no topo das baraúnas.
> Nas lombadas da serra o sol é de lascar...
> Nem uma folha só fazendo movimento!...
>
> – Nana! Ô Nana!
> – Inhor!
> – Chega me abanar...
>
> Pouco a pouco, porém, vem vindo um frio lento trazido pelas mãos de moça do luar...
>
> Que gozo nos coqueiros acarinhados pelo vento!...
>
> – Nana! Ô Nana!
> – Inhor!
> – Chega me esquentar...

O livro está bonito de músicas e de ilustrações, fixando a natureza eterna do temperamento humano e regional, alegrias sonoras e o tédio amoroso dos velhos Salomões nordestinos, afeitos às mucamas, novas Sulamitas bíblicas, como esse poema, nítido e claro, lembrando uma miniatura holandesa de Van Dyck.

Ascenso Ferreira, Ascensão... guardem o nome de um grande poeta!

("A República", Natal, 1939.)

BRANQUINHA

"Branquinha",
"Branquinha",
é suco de cana
pouquinho – é rainha,
muitão – é tirana...

– "Adeus, mamãe de Loanda!"
– "Adeus, meu filho Nogueira!"
O que tu viste na feira?
– Cair dez de cada banda...
Simeão por terra bebo,
Rafael no chão deitado...
Minha mãe, venha mais branda
que em jejum eu te arrecebo...

"Branquinha",
"Branquinha",
é suco de cana
pouquinho – é rainha,
muitão – é tirana...

Um dos meus ascendentes mais notáveis,
senhor de muitas terras e escravos,
no Brejo da Madre de Deus,
depois do sacrifício da missa
que o capelão santamente rezava,
tomava uma lapada boa de "branquinha",
dava garra de uma espada
que pesava bem dez quilos,
e gritava, entusiasmado,
para os negros e para os bois:
"Quem não acreditar em Nosso Senhor Jesus
[Cristo, apareça!"

    "Branquinha",
    "Branquinha",
    é suco de cana
    pouquinho – é rainha,
    muitão – é tirana...

    "Suco de cana-caiana
    passado nos alambique
    pode sê qui prejudique
    mas bebo toda sumana."

    – "Adeus, mamãe de Loanda!"
    – "Adeus, meu filho Nogueira!"

– Os revoltosos de 1817
riscaram vinho da mesa porque era português!

– João Caroço comia cobra verde,
triscando a bicha viva nos dentes
e engolindo os pedaços com cachaça!

Zé Fogueteiro de Palmares,
um dia, estando riscado,
estourou uma bomba de dinamite na
                              [mão!...

Seu Zuza de Pasto Grande
trepou-se, já meio vesgo,
em cima de dois caçuás
e disse que estava voando de aeroplano!

Minha avó dizia
que a avó dela dizia
ter sido a "branquinha"
quem gritou a República de Olinda!

      – "Adeus, mamãe de Loanda!"
      – "Adeus, meu filho Nogueira!"

Contam os veteranos do Paraguai
que rasgavam no dente o cartucho,
misturavam pólvora com aguardente,
passavam a mistura no bucho
e depois iam brigar...

      "Em jejum eu te arrecebo
      cuma xarope dos bebo...
      Tu puxas, eu arrepuxo,
      bates comigo no chão,
      bato contigo no bucho..."

      – "Adeus, mamãe de Loanda!"
      – "Adeus, meu filho Nogueira!"

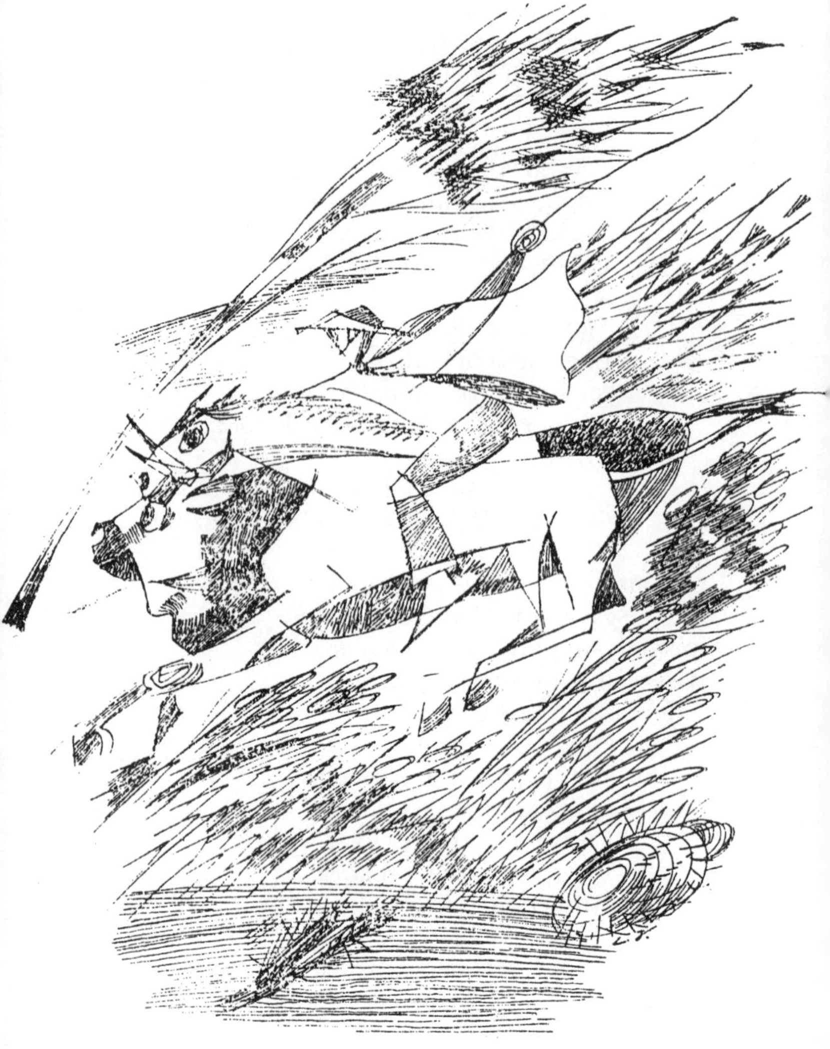

A PEGA DO BOI

A rês tresmalhada
ouviu na quebrada,
soar a toada,
de alguém que aboiou:

    – Hô – hô – hô – hô – hô,
    Váá!
    Meu boi Surubim!
    Boi!
    Boiato!

E, logo espantada,
sentindo a laçada,
no mato embocou....

    Atrás, o vaqueiro,
    montando o "Veleiro",
    também mergulhou...

Os cascos nas pedras
davam cada risco
que só o corisco
de noite no céu...

Saltaram valados,
subiram oiteiros,
pisaram faxeiros
e mandacarus...

Até que enfim...

    No Jatobá
    do Catolé,
    bem junto a um pé
    de oiticoró,
    já do Exu
    na direção...

– O rabo da bicha reteve na mão!

    (Poeiriço danado e dois vultos no chão)

. . . .

Mas, baixa a poeira,
a rês mandingueira
por terra ficou...

    E um grito de glória
    no espaço vibrou:

        – Hô – hô – hô – hô – hô,
        Váá!
        Meu boi Surubim!
        Boi!
        Boiato!

A MULA-DE-PADRE

Um dia no engenho,
já tarde da noite
que estava tão preta
como carvão...
a gente falava de assombração:

    – O avô de Zé Pinga-Fogo
    amanheceu morto na mata
    com o peito varado
    pela canela do Pé-de-Espeto!

    – O cachorro de Brabo-Manso
    levou, sexta-feira passada,
    uma surra das caiporas!

    – A Mula-de-Padre quis beber o sangue
    da mulher de Chico Lolão...

Na noite tão preta como carvão,
a gente falava de assombração!

Lá embaixo, a almanjarra,
a rara almanjarra,
gemia e rangia,
que o Engenho Alegria
é bom moedor...

– Eh, Andorinha!
– Eh, Moça Branca!
– Eh, Beija-Flor...

Pela bagaceira
os bois ruminavam
e as éguas pastavam,
esperando a vez
de entrar no rojão...

Foi quando se deu
a coisa esquisita:
mordendo, rinchando,
às popas e aos pulos,
se pondo de pé
com artes do cão,
surgiu uma besta sem ser dali não...

. . . .

– Atalha a bicha, Baraúna!
– Sustenta o laço, Maracanã!

E a besta agarrada
entrou na almanjarra,
tocou-se-lhe a peia
até de manhã...

E depois que ela foi solta
entupiu no oco do mundo!

Num abrir e fechar d'olhos
a maldita se encantou...

    De tardinha,
    gente vinda
    da cidade
    trouxe a nova
    de que a ama
    de seu padre
    Serrador
    amanhecera tão surrada
    que causava compaixão!

. . . .

Na noite tão preta como carvão,
a gente falava de assombração!

A CABRA-CABRIOLA

O vento zunindo na noite sem termos:
– É a Cabra-Cabriola que te quer pegar!
Rumores do rio, da mata nos ermos:
– É a Cabra-Cabriola que te quer pegar!
O bacurau cantando para a lua:
– É a Cabra-Cabriola que te quer pegar!

     – Mamãe, os meninos estavam sozinhos?
     – A mãe fora ao rio uns panos lavar.

     – E não estranharam a voz da danada?
     – Já disse que a bicha
     mandou o ferreiro
     bater a garganta
     até afinar...

– E quando voltou por que não matou-la?
– Quando ela voltou,
mais nada encontrando,
vingou-se em chorar...

– Quando eu ficar grande
essa Cabriola me há de pagar...

. . . .

30 anos passaram,
e grande já estou,
mas, junto ao meu leito,
Mamãe já não está...
Embala-me o sono
um monstro a gritar:

"– SPEAK DABLIÚ GI UAI"

. . . .

– Cabra-Cabriola, chega me pegar...

ANO-BOM

Gargalham loucas as "luminosas",
há vozes roucas no "cisplandim":

– Urso em 90!
– Burro 3 vezes!
– Vamos ao jogo!
– Botem mais jogo!

(E a dor tinindo dentro de mim...)

Cruzam-se luzes, lampejos, cores,
no giro aéreo dos trivolis...
– Lancia, lancia, gelada e fria!
– Olha a pipoca!
– Mendobim!
– Vai correr!
– Entra, negrada, pra casa dos loucos!

(E a dor tinindo dentro de mim...)

Fogos se queimam nas altas torres,
fogos de cores, tiros, balões,
gritos danados dos automóveis,
delírio imenso na multidão
vaiando o ano que teve fim...

(Delírio imenso na multidão
e a dor tinindo dentro de mim...)

    – Entra, negrada, pra casa dos loucos!

GRAF ZEPPELIN

W Z!
    K D K A!
        U Z Q P!

        – Alô, Zeppelin!
        – Alô, Zeppelin!
        – Jequiá!

– Usted me puede dar nuevas del Zeppelin?
    – Dove il Zeppelin?
        – Where is the Zeppelin?

– Passou agorinha em Fernando de Noronha!
    – Ia fumaçando!
        – Chegou em Natal!

(Augusto Severo, acorda de teu sono, Bichão)

        – Alô, Zeppelin!
        – Alô, Zeppelin!

RÁDIO!
   RÁDIO!
      RÁDIO!

         W Z,
         Q P Q P,
         G Q A A...
         – Je-qui-á!

– Apontou!
– Parece uma baleia se movendo no mar!
– Parece um navio avoando nos ares!
– Credo, isso é invento do cão!
– Ó coisa bonita danada!

   – Viva seu Zé Pelin!
   – Vivôôô!

DEUTSCHLAND ÜBER ALLES!

   Chopp!
      Chopp!
         Chopp!

   – Atracou!

. . . .

Saudade:

   – "Olá, seu Ferramenta,
     você sobe ou se arrebenta!"

OS ENGENHOS DE MINHA TERRA

Dos engenhos de minha terra
Só os nomes fazem sonhar:

- Esperança!
- Estrela-d'Alva!
- Flor do Bosque!
- Bom Mirar!

Um trino... um trinado... um tropel de trovoada...
e a tropa e os tropeiros trotando na estrada:

- Valo!
- Eh, Andorinha!
- Eh, Ventania!
- Eh...

"Meu alazão é mesmo bom sem conta!
Quando ele aponta tudo tem temor...
A vorta é esta: nada me comove!
Trem, outomove, seja lá qui for..."

"Por isso mesmo o sabiá zangou-se!
Arripiou-se, foi cumer melão...
Na bananeira ela fazia: piu!
Todo mundo viu, não é mentira não..."

– Bom dia, meu branco!
– Deus guarde sua senhoria, Capitão!

. . . .

Dos engenhos de minha terra
Só os nomes fazem sonhar:

    – Esperança!
    – Estrela d'Alva!
    – Flor do Bosque!
    – Bom Mirar!

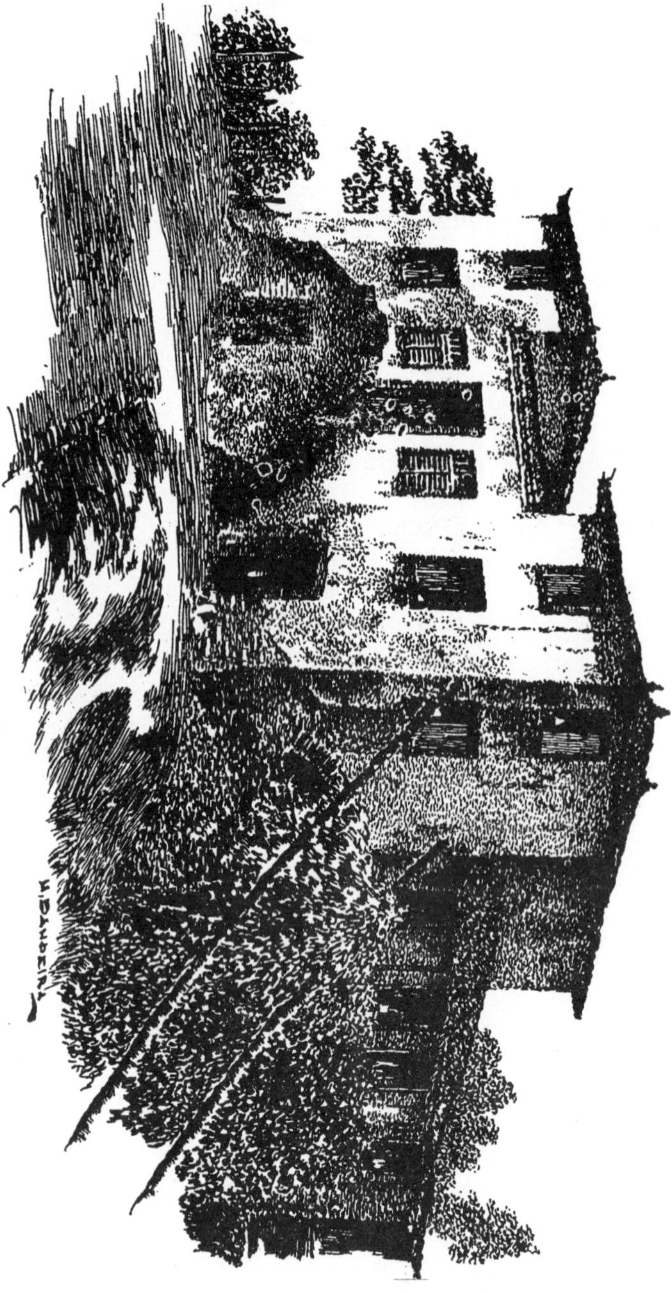

A CASA-GRANDE DE MEGAÍPE

Há muito tempo que a Usina estava danada
                              [com ela!
A linda casa colonial cheia de assombrações...

   Debalde, ela, a Usina,
   mostrava orgulhosa
   o seu bueiro com aquela pose de girafa!

      Debalde mostrava
      o giro das rodas,
      o brilho dos aços,
      o espelho dos latões...

Nada. Todo mundo que lá ia
só dizia nos jornais
coisas bonitas da linda casa colonial cheia de
                              [assombrações...

      Tentou um esforço derradeiro:
      mandou Mestre Carnaubá →

fazer um samba bem marcado
a fim d'ela cantar alegre
ao som dos ganzás
de suas bombas de pressão:

"Olha a volta da turbina,
da turbina, da turbina,
da turbina da Usina,
da Usina brasileira!
Olha a volta da turbina,
da turbina, da turbina,
da turbina da Usina,
da Usina brasileira..."

Qual! Todo mundo só falava
na linda casa colonial cheia de assombrações...

A vaca Turina,
o cavalo Cachito,
o burro Manhoso,
o cachorro Vulcão,
todos a uma voz, unidos repetiam:

– É bom de dormir naquele terraço
prestigiado por quatro séculos de assombrações!

Então a Usina não pôde mais!
Mandou meter a picareta nas pedras lendárias,
destruir os quartos mal-assombrados,
enxotar os fantasmas de saias de seda
e capas de ermitões,
respondendo, insolente, à falação que se
                              [levantou:

"Olha a volta da turbina,
da turbina, da turbina,
da turbina da Usina,
da Usina brasileira!
Olha a volta da turbina,
da turbina, da turbina,
da turbina da Usina,
da Usina brasileira!"

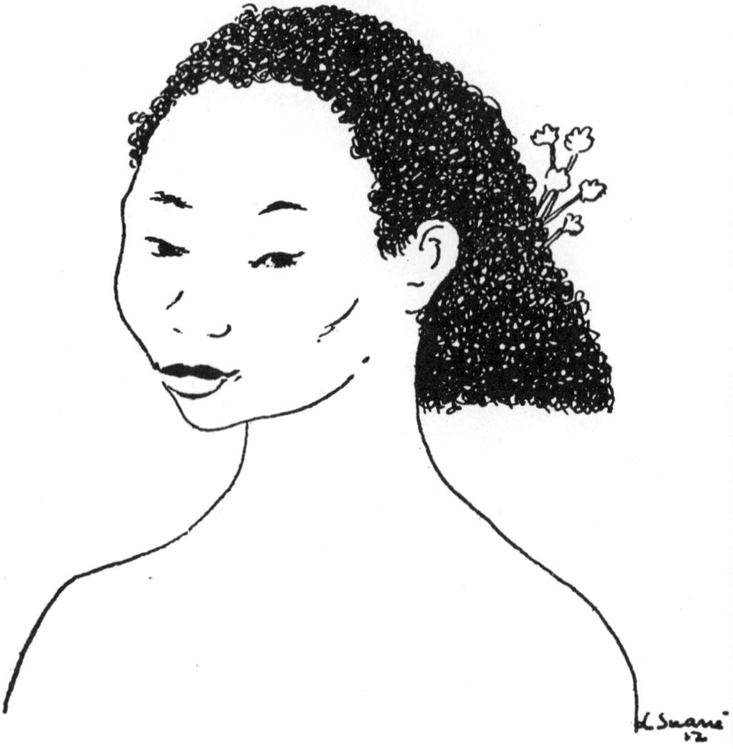

MULATA SARARÁ

O cajueiro te deu a flor para cabelo;
deu-te o maracajá o agateado dos olhos
– teus olhos cujo olhar faz a gente dodói!

No Brasil, quem te nega está fazendo é fita,
pois tu és, de verdade, uma coisa bonita:

– Madeira que o cupim não rói!
– Madeira que o cupim não rói!

Paris – que dá modas,
costumes e gostos,
pinturas pros rostos,
carvão e carmim...

Paris – dente de ouro!
– Boca de Tubarão!
– Goela de Sucuri!
Que engole Odaliscas, →

Rajás e Sultanas,
as Gueixas, Musmês,
os Beis e os Paxás...

– E engoliu até a negra Josefina Baker!

Paris, contigo, topou foi osso!
Foi rocha esquisita que nada destrói!

Nosso Senhor abençoe teus avós de Lisboa...

  – Madeira que o cupim não rói!
  – Madeira que o cupim não rói!

TORÉ

Os dois maracás,
um fino e outro grosso,
fazem alvoroço
nas mãos do Pajé:

– Toré!
– Toré!

Bambus enfeitados,
compridos e ocos,
produzem sons roucos
de querequexé!

– Toré!
– Toré!

Lá vem a asa-branca,
no espaço voando,
vem alto, gritando...
– Meu Deus, o que é?

– Toré!
– Toré!

   – É o Caracará
que está na floresta,
vai ver minha besta
de pau catolé...

– Toré!
– Toré!

Cabocla bonita,
do passo quebrado,
teu beiço encarnado,
parece um café!

– Toré!
– Toré!

   Pra te ver, cabocla,
na minha maloca,
fiando na roca,
torrando pipoca,
eu entro na toca
e mato onça a quicé!

– Toré!
– Toré!

MEU CARNAVAL

Meu carnaval, tão longe, tão distante,
mas tão perto de mim pela recordação...

    Papel picadinho,
    três quilos de massa,
    seis limas-de-cheiro,
    três em cada mão...

– Chiquinha danou-se porque eu
quebrei uma nos peitos dela!

. . . .

Agora, o cavalo corria... corria...
(Passear a cavalo era a sedução)
Chegando na porta de minha Maria,
riscava o cavalo, saltava no chão.
E ela, aplaudindo, sorria... sorria...
me dando furtivo aperto de mão...

Meu carnaval, tão longe, tão distante,
mas tão perto de mim pela recordação...

Que é feito de ti? O atual só resume
tremendo delírio de gozo exterior!
Tiveste um destino de lança-perfume,
viraste alcanfor... viraste alcanfor...

XANGÔ

A dor de viver
do branco humilhada,
mudou em zoada
da raça a oração:

      – EXU!
Tirili para bebê!
Tirili lônão!

No som dos ingonos
há sombras de sonos
que a mundos sem donos
nos fazem levar:

    ODÉ! ODÉ!

Bomilê!
Paruafá!
Bomilê!
ODÉ!

LULA CARDO

Há sombras de sonos
vindos de liamba
de que é o samba
sonho singular:
    – IAMANJÁ

Ná!
Safirêê!
IAMANJÁ!

    Naquela mulata
    de gestos disformes
    há coisas enormes
    que de tão enormes
    nem é bom falar:
        – IAMANJÁ

Ná!
Safirêê!
IAMANJÁ!

Ninguém compreende
sua exaltação,
com os olhos no chão,
traçando com a mão
hipérboles no ar:
    – Mariolá!
    Mariô!
    OGUM!
    Balaxô!

    Ah! Basta que a entendam
    as sombras de sonos →

dos tristes ingonos
que a mundos sem donos
nos fazem levar...

. . . .

As sombras de sonos
que a mundos sem donos
nos fazem levar...
      – Caôô!
      Cabecilé!
      XANGÔ! XANGÔ!

MISTICISMO N.º 2

O espírito-mau entrou no meu couro,
entrou no meu couro algum mangangá!
E eu quero mulheres...
mulheres...
mulheres...

      Curibocas!
      Mamelucas!
      Cafussus...

Caboclas viçosas de bocas pitangas!
Mulatas dengosas caju e cajá!

Mulheres brancas como açúcar de primeira!
Mulheres macias como a penugem do ingá!
Mas sempre mulheres...
mulheres...
mulheres...

(Ô lelê)

Todas formosas,
todas belas,
todas novas...

(Ô lalá)

Deitadas molengas em folhas macias!
Na sombra rajada das bananeiras lentas
iluminadas por um sol-das-almas!

Só para eu,
devagarinho,
fazer com elas:

"Pinicainho
da barra do 25,
mingorra, mingorra,
tire esta mão
que já está forra..."

SENHOR SÃO JOÃO

Em frente à fogueira,
Zuza, espaduado,
benzeu-se sereno
e fez oração:

      – Chô – cão!
      – Chô – cão!

Depois levantou
a vista pro céu
pra ver se o espiava
Senhor São João!

E meteu os pés nuzinhos nas brasas de fogo
                                       [quente!

  – Danou-se, só quem tem os pés de sola!

Porém Zuza, vadiando, andou pra lá e pra cá! →

Cachetando, se agachou, pondo fogo no
[cachimbo!
Depois, puxando a pistola, atirou fixe no chão!

– Viva Senhor São João!
– Vivôôô!

A FORÇA DA LUA

Não te chegues assim, para mim...
Ó Maria!
Ai! Não te chegues não...

    A Lua-Cheia tem muita força,
    Maria!
    – E o luar sempre foi a nossa perdição...

O vento que assopra,
assopra com força...
Há forças nas águas,
– repara a maré!

E há forças também ocultas na gente,
talvez que as das águas maiores até...

    Não te chegues assim, para mim...
    Ó Maria!
    Ai! Não te chegues não...

Há força nas águas, há força nos ventos
e forças que em nós ocultas estão...

A Lua-Cheia tem força muita, Maria!
– E o luar sempre foi a nossa perdição!

NOTURNO

Sozinho, de noite,
nas ruas desertas
do velho Recife
que atrás do arruado
moderno ficou...
criança de novo
eu sinto que sou:

   – Que diabo tu vieste fazer aqui, Ascenso?

O rio soturno,
tremendo de frio,
com os dentes batendo
nas pedras do cais,
tomado de susto
sem poder falar...
o rio tem coisas
para me contar:

— Corre, senão o Pai-do-Poço te pega,
[condenado!

Das casas fechadas
e mal-assombradas
com as caras tisnadas
que o incêndio queimou...
pelas janelas esburacadas
eu sinto, tremendo,
que um olho de fogo
medonho me olhou:

— Olha que o Papa-Figo te agarra, desgraçado!

Dos brutos guindastes
de vultos enormes
ainda maiores
nessa escuridão...
os braços de ferro,
pesados e longos,
parece quererem
suster-me do chão!

— Ai! Eu tenho medo dos guindastes,
por causa daquele bicão!

Sozinho, de noite,
nas ruas desertas
do velho Recife
que atrás do arruado
moderno ficou...
criança de novo
eu sinto que sou:

— Larga de ser vagabundo, Ascenso!

HISTÓRIA PÁTRIA

Plantando mandioca, plantando feijão,
colhendo café, borracha, cacau,
comendo pamonha, canjica, mingau,
rezando de tarde nossa Ave-Maria,
    Negramente...
        Caboclamente...
            Portuguesamente...
A gente vivia.

De festas no ano só quatro é que havia:
Entrudo e Natal, Quaresma e Sanjoão!
Mas tudo emendava num só carrilhão!
E a gente vadiava, dançava, comia...
    Negramente...
        Caboclamente...
            Portuguesamente...
Todo santo dia!

O Rei, entretanto, não era da terra!
E gente pra Europa mandou-se estudar... →

Gentinha idiota que trouxe a mania
de nos transformar
da noite pro dia...

A gente que tão
      Negramente...
            Caboclamente...
                  Portuguesamente...
Vivia!

(E foi um dia a nossa civilização
tão fácil de criar!)

Passou-se a pensar,
passou-se a cantar,
passou-se a dançar,
passou-se a comer,
passou-se a vestir,
passou-se a viver,
passou-se a sentir,
tal como Paris
pensava,
cantava,
comia,
sentia...
A gente que tão
      Negramente...
            Caboclamente...
                  Portuguesamente...
Vivia!

O "VERDE"

Meu boi surubim, a serra está cachimbando!
Ainda ontem, de tardinha, o sabiá estava
                            [cantando
Aquela moda que parece uma cantiga de ninar...

– Aquela moda que parece uma cantiga de ninar...

       "Chove, chuva!
       Pra nascer capim!
       Pro boi comer!
       Pro boi sujar!
       Pro sabiá ciscar!
       Pra fazer seu ninho!
       Pra pôr seus ovos!
       Pra criar seus filhinhos!
       Chove, chuva:
       Vááá!"

No peito das vacas mansas o leite estava
                            [minguando... →

os meninos, lá por casa, coitados, se lastimando,
todos eles à mãe deles só pedindo pra mamar...

– Todos eles à mãe deles só pedindo pra mamar!

O "Riacho do Navio" torrado estava ficando!
No cercado, palmatória depressinha se acabando.
– Daqui a três-quinze-dias grande era o nosso
[penar!

– Daqui a três-quinze-dias grande era o nosso
[penar!

Porém, meu boi surubim, a serra está
[cachimbando!
O "Verde" já vem aí, que o sabiá estava cantando
aquela moda que parece uma cantiga de ninar...

– Aquela moda que parece uma cantiga de ninar...

"Chove, chuva!
Pra nascer capim!
Pro boi comer!
Pro boi sujar!
Pro sabiá ciscar!
Pra fazer seu ninho!
Pra pôr seus ovos!
Pra criar seus filhinhos!
Chove, chuva:
Vááá!"

MARTELO

Teu corpo é branquinho como a polpa do
[ingá maduro!
Teu seio é macio como a polpa do ingá maduro!
– E há doçura de grã-fina no teu beijo, que é
[todo ingá...
– E há doçura de grã-fina no teu beijo, que é
[todo ingá...

Por isso mesmo,
minha Maria,
eu, como a abelha
do aripuá
pra quem doçura
é sempre pouca,
só quero o favo
de tua boca...

Há veludos de imbaúba nessas redes de teus
[olhos, →

que convidam, preguiçosas, a gente para o
[descanso,
um descanso à beira-rio como a ingazeira nos
[dá...

– Um descanso à beira-rio como a ingazeira
[nos dá!

        Por isso mesmo,
        minha Maria,
        de noite e dia
        nessa corrida
        triste de ganso,
        para descanso
        e gozos meus,
        só quero a rede
        dos olhos teus!

Só quero a rede macia dos teus olhos!
Só quero a doçura de grã-fina do teu beijo!
Só quero a macieza do teu corpo da cor do ingá...

        E na rede eu me deito,
        cochilo e descanso,
        tenho um sono manso
        que me faz sonhar...
        Sonho que és ingá
        de doçura louca,
        que na minha boca
        vem se desmanchar.

        . . . .

– Que na minha boca
vem se desmanchar...

A FORMIGA-DE-ROÇA

"A Formiga-de-Roça endoideceu
de uma dor de cabeça que lhe deu..."
– Pobre formiga alucinada
és direitinho como eu!

. . . .

Seus olhos acesos como duas tochas
marcando, violentos, minha direção...
E o mel de seus lábios, passado em meus lábios
trazendo ao sequioso maior sequidão!

Oh!...

"A Formiga-de-Roça endoideceu
de uma dor de cabeça que lhe deu..."

. . . .

E hoje viver no mundo sem norte,
sem ter um destino, um ramo sequer... →

Engano; há um destino certíssimo: a morte!
Mas, ai, que também a morte é mulher!

Oh!...

"A Formiga-de-Roça endoideceu
de uma dor de cabeça que lhe deu..."

– Pobre formiga alucinada
és direitinho como eu!

77

O sol nunca visto,
brilhando nos ares,
luzindo nas pedras,
tremendo na vista,
secou e matou toda a vegetação...

– Passou nos peitos o "Pajeú-de-Flores"!
– Baixou o lombo do "São Francisco"!
E acabava bebendo a própria luz das estrelas,
se não fosse a chuva do céu, caída de supetão...

. . . .

Mas, o que não secou, nem jamais secaria,
foi a umidade dos meus olhos alucinados,
pelas lombadas das caatingas nuas,
buscando o impossível de tua aparição!

TEU POEMA

Tudo fiz para escrever o teu poema
somente com o coração, porém não posso!
A culpa vem do fundo dos séculos...
de meus troncos ancestrais:

> – Senhores de Engenho
> com a pele tostada
> na ardência do sol!

> – E um avô caboclo,
> com sangue deАраribóia,
> descendente de Tupã!

Por isso, o teu poema será escrito por minha boca
sobre tua boca de curvas fatais,
por onde rolarei algum dia,
como alguém que se atirou consciente nos
                              [abismos...
Embora ainda se escute a minha voz perdida:

> – Mamãe!
> – Mamãe!

SENHOR DE ENGENHO

– Cainana!
Chama aí Zé Pinga-Fogo,
Batinga, Pedro Quiximbeque,
Mané Rasga-Goela,
aquele negro da orelha *lambi*
e o velho Pedro Cancão...

– Pronto, seu Coronel!

– Têm coragem de morrer na bala,
cabras danados?

– Só a gente vendo, Patrão!

– Então ajuntem as redes todas,
vamos dar uma pescada,
que eu estou com vontade de comer *carito*!

FILOSOFIA

*(A José Pereira de Araújo –
"Doutorzinho de Escada")*

Hora de comer – comer!
Hora de dormir – dormir!
Hora de vadiar – vadiar!

Hora de trabalhar?
– Pernas pro ar que ninguém é de ferro!

SUCESSÃO DE SÃO PEDRO

– Seu Vigário!
Está aqui esta galinha gorda
que eu trouxe pro mártir São Sebastião!

   – Está falando com ele!
   – Está falando com ele!

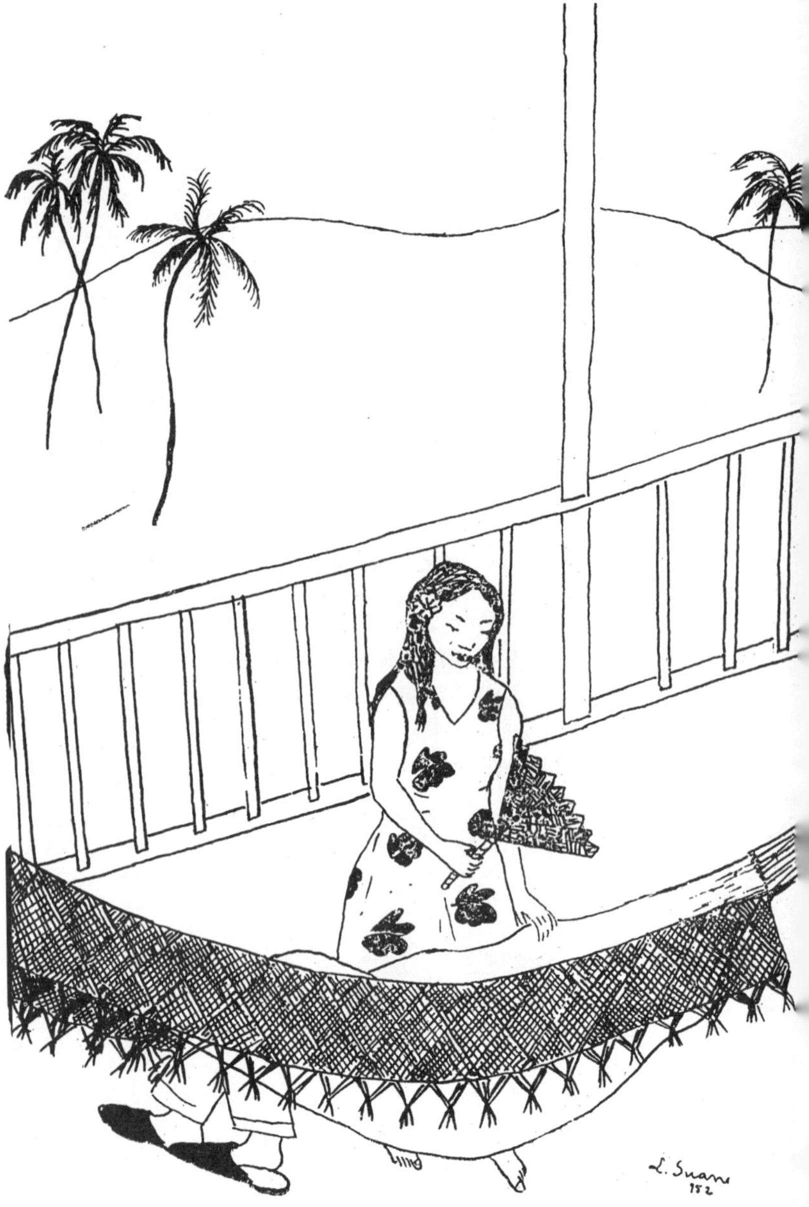

DESESPERO

Os olhos brilhantes de cocainômano
parecem ter coisas para me contar:

– Pedro Velho, cadê teu engenho?

– A Usina passou no papo!

– E onde vais fundar safra este ano?

– Na barriga da mulher!
Na barriga da mulher!

. . . .

Os olhos brilhantes
parecem agora
duas poças d'água
tremendo ao luar.

NORDESTE

O ferreiro malhando no topo das baraúnas.
Nas lombadas da serra o sol é de lascar...
Nem uma folha só fazendo movimento!...

      – Nana! Ô Nana!
      – Inhor!
      – Chega me abanar...

Pouco a pouco, porém, vem vindo um frio lento
trazido pelas mãos de moça do luar...

Que gozo nos coqueiros acarinhados pelo
                            [vento!...

      – Nana! Ô Nana!
      – Inhor!
      – Chega me esquentar...

A CHAMA

TRANSIÇÃO

Na minha vida cruel e avara,
és irrequieta chama clara
iluminando a solidão!

    Porém, repara bem, repara
    e vê se a nada se compara
    o imenso horror desta aflição:

Se acaricio a chama clara,
a chama queima a minha mão!

TREM DE ALAGOAS

O sino bate,
o condutor apita o apito,
solta o trem de ferro um grito,
põe-se logo a caminhar...

> – Vou danado pra Catende,
> vou danado pra Catende,
> vou danado pra Catende
> com vontade de chegar...

Mergulham mocambos
nos mangues molhados,
moleques, mulatos,
vêm vê-lo passar.

> – Adeus!
> – Adeus!

Mangueiras, coqueiros,
cajueiros em flor,
cajueiros com frutos
já bons de chupar...

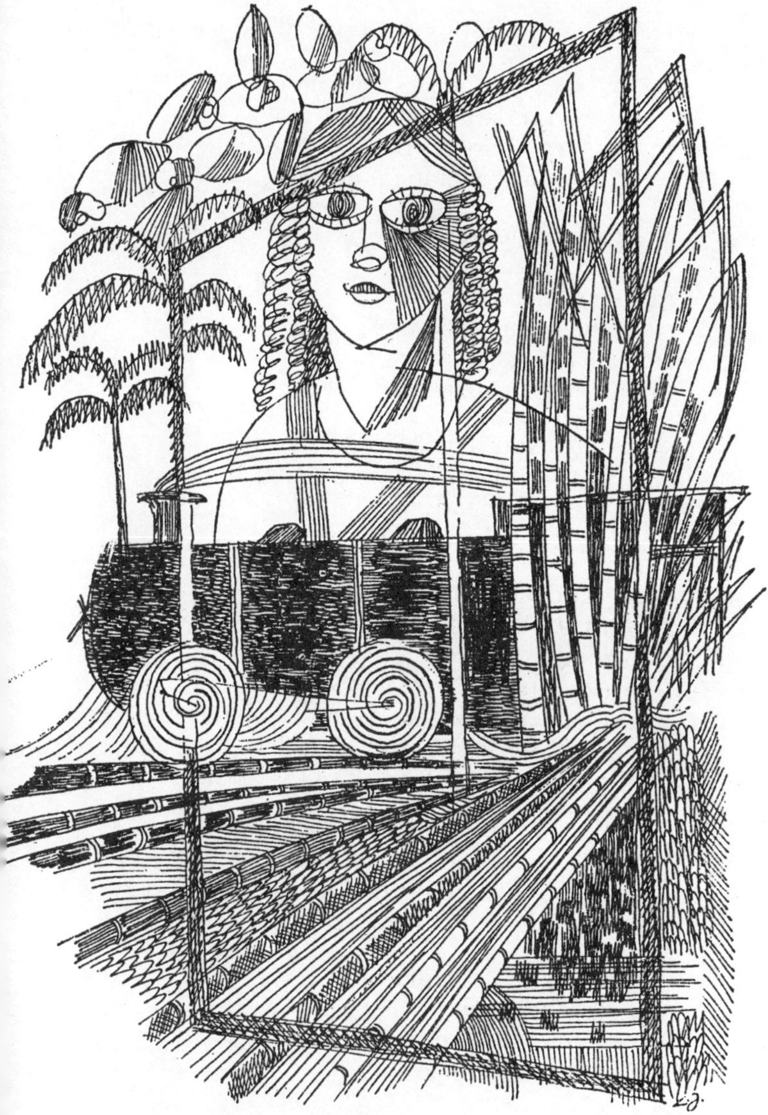

— Adeus, morena do cabelo cacheado!

— Vou danado pra Catende,
vou danado pra Catende,
vou danado pra Catende
com vontade de chegar...

Mangabas maduras,
mamões amarelos,
mamões amarelos
que amostram, molengos,
as mamas macias
pra a gente mamar...

— Vou danado pra Catende,
vou danado pra Catende,
vou danado pra Catende
com vontade de chegar...

Na boca da mata
há furnas incríveis
que em coisas terríveis
nos fazem pensar:

— Ali dorme o Pai-da-Mata!
— Ali é a casa das caiporas!

— Vou danado pra Catende,
vou danado pra Catende,
vou danado pra Catende
com vontade de chegar...

Meu Deus! Já deixamos
a praia tão longe...
No entanto, avistamos
bem perto outro mar...

Danou-se! Se move,
se arqueia, faz onda...
Que nada! É um partido
já bom de cortar...

> – Vou danado pra Catende,
> vou danado pra Catende,
> vou danado pra Catende
> com vontade de chegar...

Cana caiana,
cana roxa,
cana fita,
cada qual a mais bonita,
todas boas de chupar...

– Adeus, morena do cabelo cacheado!

> – Ali dorme o Pai-da-Mata!
> – Ali é a casa das caiporas!

– Vou danado pra Catende,
vou danado pra Catende,
vou danado pra Catende
com vontade de chegar...

CANA CAIANA

A pega do boi (1)

Ferramenta (2)

Os engenhos de minha terra (3)

Olha a volta da turbina (4)

Pinicainho (5)

Chove Chuva (6)

XENHENHÉM

POESIA POPULAR

Roger Bastide

... Mas estaremos enganados se pensarmos que esse primeiro tipo de poesia que acabamos de analisar rapidamente constitui o único tipo de poesia pernambucana.

Pois essa região, com seus engenhos de fogo morto, com seus xangôs destruídos, e seus maracatus, com seus terreiros onde brilham fogueiras de São João, com seus seres de lenda, a mula-sem-cabeça, a cabra-cabriola, que ainda visitam as casas-grandes, com suas...

> mulatas dengosas caju e cajá

e, atrás da cortina estreita do litoral, seu sertão trágico, seus bois que pastam entre espinhos, e seus caboclos vestidos de couro, possui evidentemente outra beleza, uma beleza que merecia ter seu poeta, e este poeta é Ascenso Ferreira.

Todo o sabor da terra, todo o sabor de seu povo, a doçura de seus frutos, o açúcar de sua cana, a carne de suas mulheres, curibocas, mamelucas, cafusas, a delícia de seus pratos, daqueles peixes cozidos com água-de-coco e temperados com o seu leite, a intensidade da lua durante as noites de brisa marinha, tudo isso passou em sua obra, é a própria substância de sua poesia. E para melhor exprimir-lhe a essência única, utiliza o vocabulário do povo, o ritmo de suas frases, a música de sua fonética. Assim, canta Recife exatamente como é preciso cantá-la.

> Negramente...
> Caboclamente...
> Portuguesamente.

Aliando a intuição à ciência, ele realizou algo muito difícil, a poesia popular. Pois note-se que o povo não faz poesia popular ou faz uma cópia má da poesia dos burgueses, ou canta sentimentos elementares com as formas tradicionais e um vocabulário de extrema pobreza. O povo renega o que faz exatamente o seu valor lírico, as palavras de sua gíria, a construção de suas frases, para falar como lhe ensinaram a falar na escola primária.

Seria preciso, para arrancar o seu lirismo e transpô-lo ainda com todo o seu frescor e seu encantamento, um homem que estivesse em contato direto com ele, que, moleque, tivesse brincado com ele, que tivesse cantado com ele na onda do frevo, mas que, ao mesmo tempo, por sua cultura, se isolasse o suficiente dele para extrair do *folk* essa poesia de que ele é portador sem ter consciência. Era preciso escolher os termos que, no vocabulário, possuíam mais força de sugestão, ou mais riqueza de sensualidade; era preciso tirar na linguagem os torneios de frase que tinham uma significação poética, enfim era preciso possuir, no mais alto grau, como Ascenso Ferreira, o senso do ritmo, que faz com que ouçamos em seus versos as pisadas surdas dos bois na caatinga, a sufocação de um peito oprimido pelos fantasmas surgidos da noite, o rodar da turbina da usina, o trem de Alagoas.

> Vou danado pra Catende,
> vou danado pra Catende,
> vou danado pra Catende
> com vontade de chegar...

e saber achar de novo o ritmo folclórico, enriquecendo-o:

> "Branquinha",
> "Branquinha",
> é suco de cana
> pouquinho – é rainha,
> muitão – é tirana...

A poesia é a escada que vai da terra ao céu. Ascenso Ferreira finca seu pé na gleba do Recife e no seu *background* fortemente, carnalmente, ao passo que os outros poetas, dos quais falamos acima, se apóiam nos degraus superiores do umbral adivinhado da porta que abre para o domínio angélico.

("Diário de Pernambuco", Recife.)

XENHENHÉM N.º 1

Todos os dias era a mesma a tua prosa:
"Sua amizade é criminosa! Isso assim não me
[convém"...
Mas logo após essa recusa mentirosa,
tudo um sonho cor-de-rosa, um queixoso
[xenhenhém...

    Xenhenhém... xenhenhém... xenhenhém...
    – Coisa gostosa é a gente querer bem!

Porém, um dia, foi verdade a tua prosa!
E te foste, cautelosa, para o amor que te convém!
São pesadelos nossos sonhos cor-de-rosa...
Mas que coisa dolorosa, continua o xenhenhém!

    Xenhenhém... xenhenhém... xenhenhém...
    – Coisa terrível é a gente querer bem!

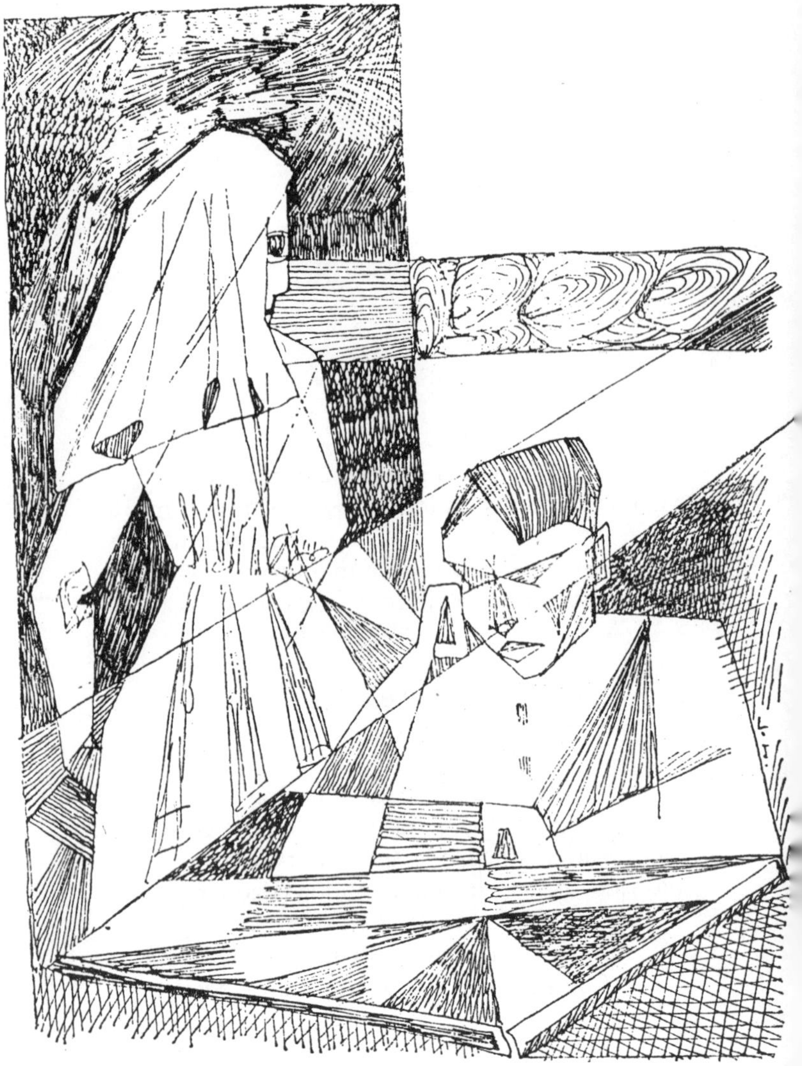

XENHENHÉM N.º 2

Em meio às minhas muitas dores
talvez maiores do que o mundo,
surges, às vezes, um segundo,
cheia de pérfidos langores.

Chegas sutil e sem rumores...
E até sinto o odor profundo
no qual eu sôfrego me inundo
– pária do amor, sonhando amores.

Depois, tu falas não sei donde...
És como um eco que responde
mas, sempre e sempre, além... além...

Súbito, encontro a casa oca.
Não estás! – Meu Deus, que coisa louca,
só é na vida um xenhenhém!

BOLETIM N.º 0

O rádio berra como um possesso:
– "Tomaram Cantão! Tomaram Hanchow!
Tomaram Varsóvia! Tomaram Odessa!
Tomaram Tobruck! Tomaram Moscou!

Tomaram Lisboa! Tomaram Paris!"
(Paris... que farão Loulou e Margot?)

>   Mas isso é bem pouco
>   ante o que se deu
>   com o Chico Bem-Bem,
>   que o pôs como um louco,
>   cantando nos sambas
>   pra lá e pra cá:

– "Tomaram o meu amor, tão bom... tão bom...
Meu Deus, o meu amor, onde ele está?"

INFLAÇÃO

Caetano Rebouças & Cia.
ganhou bem mil contos na tal de "inflação"!
Na sua despensa sobre a laje fria
há vinhos custosos: "Lagosta"... "Gatão"...

Peitou o açougueiro, comprou um filé!
Comprou no "Tapuia", favas... salpicão...
O preço não importa, o gosto é que é...
Feliz de quem Deus deu a proteção.

A imagem de Cristo cada vez mais magra!
– Caetano Rebouças bebe "Alvarelhão".
A vida lá fora cada vez mais agra!
Nada de manteiga, pouca carne e pão...

Caetano Rebouças
feliz adormece...
O mundo é uma bola →

rolando aos seus pés!
O seu coração
murmura uma prece:

– Pede que um filé dê um conto de réis!

1943

BLACK-OUT

A Boca-da-Noite passou no papo todas as luzes!
Há Cabras-Cabriolas lá fora a berrar...
   (Transeunte, abriga-te!)
O Pai-da-Mata dá gritos de alarmes:
– Quem vem lá?
– Quem vem lá?
– Quem vem lá?

E pelos descampados dos céus sombrios,
gigantes de bota-de-sete-léguas
apostam carreiras sobre a Terra e o Mar.

. . . .

Oh! O pavor das criancinhas atônitas:
– Mamãe, o mundo vai se acabar?!

O EXPEDICIONÁRIO

Toinho chegou
meio espaduado,
puxando uma perna,
pelos ferimentos sofridos no *front*!

    Contou as batalhas
    de Monte Castelo
    e Castelnuovo.
    Porém, as *bambinas*
    é que foi o bom...

– A mãe dele perguntou logo se ele tinha visto o
                                                                                            [Papa!
– As irmãs perguntaram se as italianas trajavam bem!
– O irmão estudante, se ele tinha visto o Vesúvio!
– Chico Italiano, se ele provara vinho *Chianti*
                                                                   [com macarrão!

    Porém, o gozado
    foi quando Seu Zuza-
    do-Brejo indagou:

– Menino, tu viste por lá o tal de Moscou?!

GAÚCHO

Riscando os cavalos!
Tinindo as esporas!
Través das cochilas!
Saí de meus pagos em louca arrancada!

– Para quê?
– Pra nada!

QUADRILHA DE CAETANO NORATO

A dança de Caetano Norato é uma procriação.
Nada de quadrilhas marcadas em francês:

"En avant tous! Chaîne de dames!
Chaîne de chevaliers!"

Nidra!

A dança de Caetano Norato é assim:

– Atenção! Lá vai tempo!
– Damas por cima, cavaleiros por baixo!
– Damas por baixo, cavaleiros por cima!
– Pronto, seu mestre,
chegou...

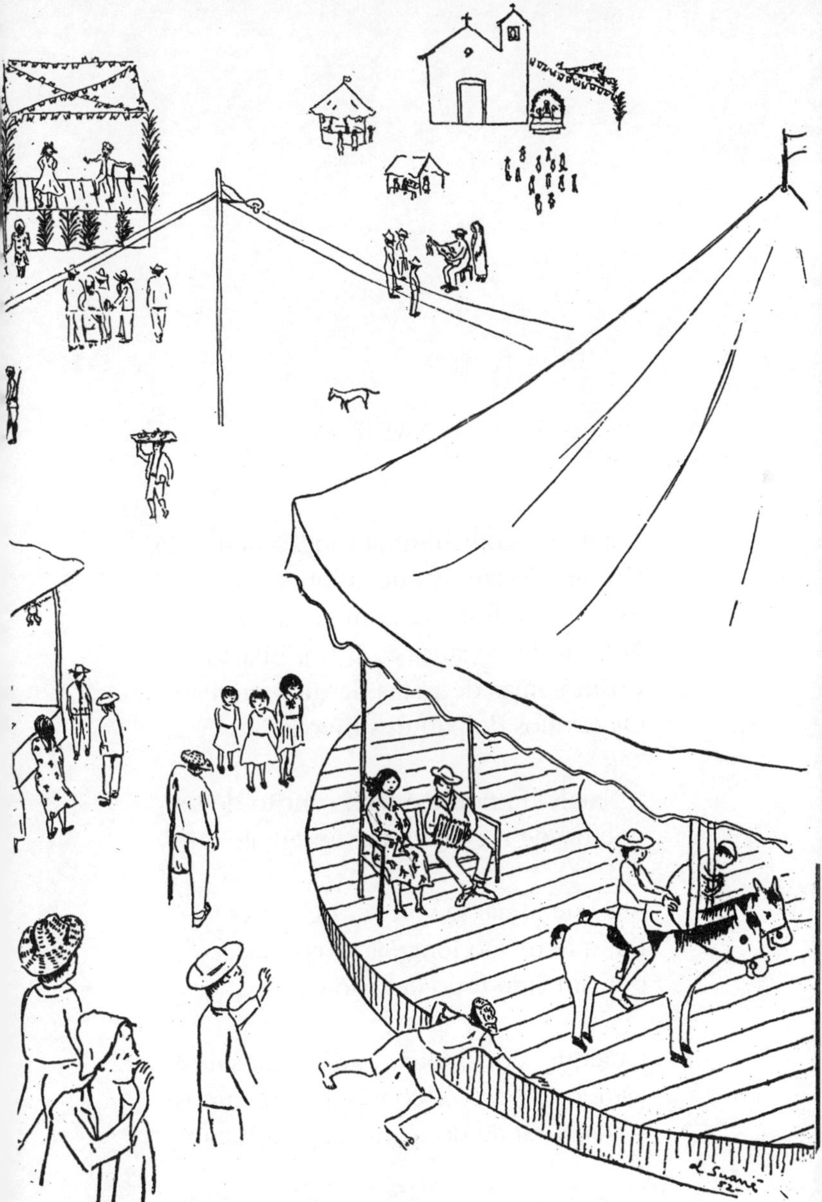

NATAL

Natal, teu nome é uma canção-de-berço
lembrando coisas que já longe vão:
– noites de festa, com missa do galo!
Reisados! Chegranças! "O Boi"! Pastoris...
Cosmoramas de vistas deslumbrantes!
Os cavalos de pau dos trivolis!

– Natal, teu nome é uma canção-de-berço,
que desde menino amar aprendi!

Até que afinal te vim ver de perto!
Eu, que de tão longe já te conhecia
por um lado todo emocional!...

Qualquer coisa como badalar de sinos!
Estudos na escola com outros meninos:
– "Rio Grande do Norte, capital Natal!"

CINEMA

Mas D. Nina,
aquilo é que é o tal de cinema?

– O homem saiu atrás da moça,
pega aqui, pega acolá,
pega aqui, pega acolá,
até que pegou-la.
Pegou-la e sustentou-la!
Danou-lhe beijo,
danou-lhe beijo,
danou-lhe beijo!...

Depois entraram pra dentro dum quarto!
Fez-se aquela escuridão
e só se via o lençol bulindo...

. . . .

– Me diga uma coisa, D. Nina:
        isso presta pra moça ver?!...

SOLUÇO COMO O DO MAR

Eu vou cantar baixinho ao pé do teu ouvido
                              [uma canção estranha!
Mas exijo que um grande silêncio se faça entre
                              [nós dois...
– Um silêncio como o que desce sobre minha vida
quando teus olhos se debruçam sobre mim.
Escuta, meu amor:
melhor seria que o portador do meu recado
                              [fosse o vento!
Só ele é bastante brando para conduzir os
                              [meus pensamentos invisíveis...

– Os meus lindos pensamentos frágeis como o
                              [teu ser!

Porém, para mandar sobre os ventos, preciso
                              [seria que eu fosse um deus
– eu que na vida nem sequer pude ser um
                              [demônio!

Mas, ai, que aquilo que eu te queria dizer se
          [transformou num grande soluço...
Um soluço como o do mar
que vai de canto a canto do mundo...

. . . .

Ouçamos as vozes do mar, meu amor!

NANA, NANANA

Sentes que a minha vida é um rio caudaloso,
tomado do delírio das enchentes,
correndo alucinado para o mar!
E te assombras, com medo dos abismos,
onde as águas nos seus loucos paroxismos
te possam arrastar...

No entanto, sobre a flor dessas águas
                       [tempestuosas,
leve como as espumas vaporosas,
hás de sempre boiar...

Sentindo a sensação deliciosa
de que as águas arrogantes, tumultuosas,
estão cantando para te ninar.

VAMOS EMBORA, MARIA

As Panzer Divisões de Prédios-Cimento-
                              [Armado
estão tomando de assalto nossa Recife colonial,
abatendo por terra todas as tradições...

    Triunfalmente elas avançam,
    disformes e taciturnas,
    povoando o cenário
    de estranhas visões!

– Tomaram conta do Pátio do Paraíso!
– Refletem os vultos nas águas do rio!
– As ruas de São José
ameaçadas já estão...

. . . .

Oh! A tragédia iminente
dos velhos templos monumentais,
espetacularmente cercados por elas, →

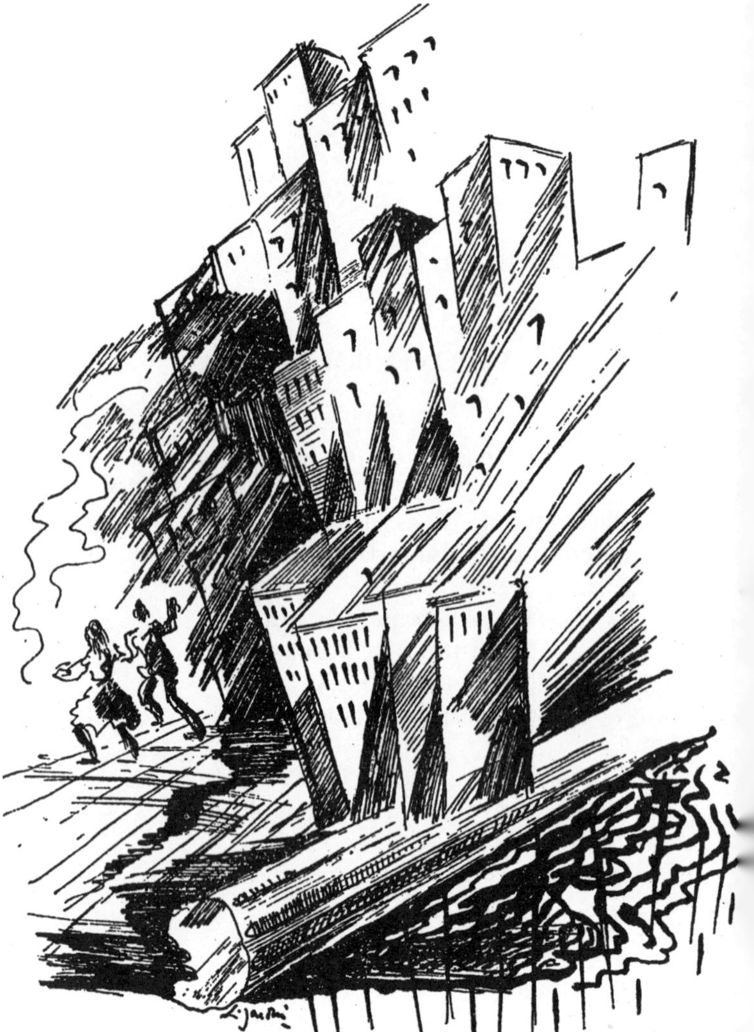

no meio das praças públicas,
como ilustres prisioneiros de guerra
expostos à curiosidade das multidões!

. . . .

– Vamos embora, Maria!

O MEU POEMA DO SÃO FRANCISCO

É Cabrobó!
É Orocó!
É o Ibó!
É Curaçá!...

    Meu Deus, ela veio das bandas de lá!
    Meu Deus, ela veio das bandas de lá!

Barqueiro, me traga o meu reco-reco,
que eu quero chamá-la para um xenhenhém...
Que nada! Ela é sempre pra mim como um eco
que longe responde, porém nunca vem...

Barqueiro, desçamos pelo rio abaixo...
Vamos ver, barqueiro, aonde ela está.

Chorrochó!
Cocorobó!
Patamuté!
UAUÁ!

Meu Deus, ela veio das bandas de lá!
Meu Deus, ela veio das bandas de lá!

Barqueiro, desçamos ainda mais pra baixo
que ela está chamando ainda mais pra lá...

E é Floresta,
Itacuruba,
Santo Antônio,
Jatobá!

    – Passageiro, volte que lá é a cachoeira.
É morte na certa, não teime, não vá!

Barqueiro, ela chama é mesmo de lá...

. . . .

– UAUÁ!!!

ALUCINAÇÃO

As chamas...
As brasas...
Depois, apenas o bafo morno das cinzas...
O pó...

. . . .

Amor! Amor!
Ajuda-me ao menos a arder com violência!

INQUIETAÇÃO

A dor do Judas pelo mundo à toa,
ante o "Anjo-Traidor", a de Jeová,
não valem esta de sonhar-te boa
e, ao fim de tudo, te saber tão má...

Deus permita, porém, que nunca doa
tua alma, como a minha doendo está!
Um pavor, entretanto, me atordoa:
– as voltas todas que este mundo dá...

Vejo-te tão franzina! Tão sem norte...
E eu, que te quis na vida até o escândalo,
recordo-te que o mau deve ser forte!

Não vás ferir, no ardor que te tonteia,
diferentes de mim –, igual ao sândalo
perfumando o machado que o golpeia!

FAZENDEIRO

– Ô Maria! Maria!
Compadre Cazuza vem almoçar
amanhã aqui em casa...
Que é que tu preparaste pra ele?!

– Eu matei uma galinha,
matei um pato,
matei um peru,
mandei matar um cevado...

– Oxente, mulher!
Tu estás pensando que compadre
Cazuza é pinto?!

– Manda matar um boi!!!

PREDESTINAÇÃO

– Entra pra dentro, Chiquinha!
Entra pra dentro, Chiquinha!
No caminho que você vai
você acaba prostituta!

E ela:
– Deus te ouça, minha mãe...
Deus te ouça...

PERFUME

Veio de ti
cheio destas forças misteriosas
ante as quais toda a razão se esmaga
para ficarem somente loucuras...
ânsias...
inquietações...

Veio de ti, cheio destas coisas profundamente
[estranhas
que só tu guardas no mundo!
Estes teus êxtases!
Este teu langor...
– desespero dos meus sentidos,
causa das minhas melancolias,
das minhas revoltas, das minhas paixões!

Veio de ti, porém te trouxe apenas como
[sombra
que meus dedos tentam segurar em vão. →

No entanto, lá fora, tudo sorri
e as estrelas se multiplicam,
ensinando que a Vida pertence aos vivos
e nasce do AMOR!

DESALENTO

Diante de ti, minh'alma
é como uma criança nua, no banho,
brincando contente com a réstia do sol.

Mas às vezes, nos céus distantes,
nuvens errantes toldam o sol.

Oh! A tristeza comovente dos meus olhos
sempre abertos com o receio de perder-te,
buscando, desalentados,
a réstia trêmula
e fugidia
deste meu amor
que a nuvem da dúvida
eclipsou...

TRANSFIGURAÇÃO

Oh! A delícia nunca sentida
de tua mão toda carinhos e agrados,
mergulhando sutil nos meus cabelos
                    [desordenados
num gesto mudo de consolação!

E a delícia destes teus olhos miraculosos,
sossegados como um remanso,
incentivando para o descanso
o meu pobre ser cansado...

. . . .

Susta-se a vida das coisas
como uma síncope dos corações.

GLÓRIA

"A glória da virgem
sorri nas estrelas..."

Sim, sorri nas estrelas!
Entretanto, tua glória,
ó virgem das virgens,
mais bela entre as mais belas,
brilhando mais perto
clareia mais alto...
Pois brilha sorrindo
lá nos longes imponderáveis
onde a minha sensibilidade começa
e a minha razão acaba...

ÊXTASE

Emana do teu ser uma tão grande calma,
um langor tão suave, expressivo, profundo,
que tenho a sensação virgem de que minh'alma,
desgarrada de mim, anda solta no mundo.

ÚLTIMA VISÃO

Nesta minha viagem para a morte
cuja visão, não sei por que, sinto tão forte,
tu és como o lençol inconsútil do céu,
aberto sobre mim num gesto protetor!
Céu de dias de sol e noites enluaradas,
vezes também cheio de nuvens carregadas,
ou povoado de mil estrelas alucinadas.
Mas sempre céu, amor!

MINHA FILHA

Alva como uma hóstia consagrada,
macia como um floco de algodão!
Porém, chegando assim tão retardada,
tens o ar de uma hóstia consagrada
para um ato final de extrema-unção!

O PERNA-DE-PAU

No meio da praça
batida dos ventos,
um vento que vinha
dos confins do mar...
Eu topei com o Perna-de-Pau!

– Doutor, olhe a tira do burro!
– Doutor, barbuleta, que é bicho de mulher...

Em volta se erguiam
prédios agressivos
de pontas agudas;
prédios que custaram
mais contos de réis
que o prêmio impossível
dos *bilhetes brancos*
do Perna-de-Pau!

E a perna de pau do Perna-de-Pau
crescia tanto na minha vista
que até parece que tocava os céus!

Passaram mulheres
finas como garças,
gordos senadores,
magros bacharéis.

E ninguém ouvia
o clamor de angústia
do Perna-de-Pau:

– Doutor, os bichos da letra "c"
Cachorro, cabra, carneiro, camelo,
Cobra, coelho, CAVALO...

Tudo pela praça batida dos ventos
dos confins do mar...

Estava com fome,
entrei num hotel,
pedi uma sopa:
– Foi vinte mil-réis!
Pedi mais um prato:
– Quarenta cruzeiros!
Uma sobremesa:
– Dezesseis mil-réis.

Cobraram "serviço",
cobraram gorjeta
e até "guarnição".
Não deram café!
Passaram nos peitos
quase cem mil-réis...

Saí desolado!
Voltei para a praça... →

Os ventos da noite
cada vez mais brabos
faziam bandeira
do casaco roto
do Perna-de-Pau.

Como a vida é triste!
Como o mundo é mau...

. . . .

Comprei dois bilhetes
ao Perna-de-Pau.

OROPA, FRANÇA E BAHIA

(ROMANCE)

Para os 3 Manuéis:
Manuel Bandeira
Manuel de Sousa Barros
Manuel Gomes Maranhão

Num sobradão arruinado,
tristonho, mal-assombrado,
que dava fundos pra terra,
("Para ver marujos,
Tiruliluliu!
quando vão pra guerra...")
E dava fundos pro mar,
("Para ver marujos,
Tiruliluliu!
ao desembarcar.")

... Morava Manuel Furtado,
português apatacado,
com Maria de Alencar!

Maria, era uma *cafuza*,
cheia de grandes feitiços.
Ah! os seus braços roliços!
Ah! os seus peitos maciços!
Faziam Manuel babar...

    A vida de Manuel,
    que louco alguém o dizia,
    era vigiar das janelas
    toda a noite e, todo o dia,
    as naus que ao longe passavam,
    de "Oropa, França e Bahia"!

– Me dá uma nau daquelas,
lhe suplicava Maria.
  – Estás idiota, Maria.
Essas naus foram *vintena*
que eu herdei de minha tia!
Por todo ouro do mundo
eu jamais as trocaria!

    Dou-te tudo que quiseres:
    Dou-te xale de Tonquim!
    Dou-te uma saia bordada!
    Dou-te leques de marfim!
    Queijos da Serra da Estrela,
    perfumes de benjoim...

Nada.
A mulata só queria
que Seu Manuel lhe desse
uma nauzinha daquelas,
inda a mais pichititinha, →

pra ela ir ver essas terras
de "Oropa, França e Bahia"...

    – Ó Maria, hoje nós temos
    vinhos da Quinta do Aguirre,
    umas queijadas de Sintra,
    só pra tu te *distraíre*
    desse pensamento ruim...
    – Seu Manuel, isso é besteira!
    Eu prefiro macaxeira
    com galinha de Oxinxim!

"Ó lua que alumiais
esse mundo do meu Deus,
alumia a mim também
que ando fora dos meus..."
Cantava Seu Manuel
espantando os males seus.

    "Eu sou mulata dengosa,
    linda, faceira, mimosa,
    qual outras brancas não são"...
    Cantava forte Maria,
    pisando fubá de milho,
    lentamente, no pilão...

Uma noite de luar,
que estava mesmo taful,
mais de 400 naus,
surgiram vindas do Sul...
– Ah! Seu Manuel, isto chega...
Danou-se de escada abaixo,
se atirou no mar azul.

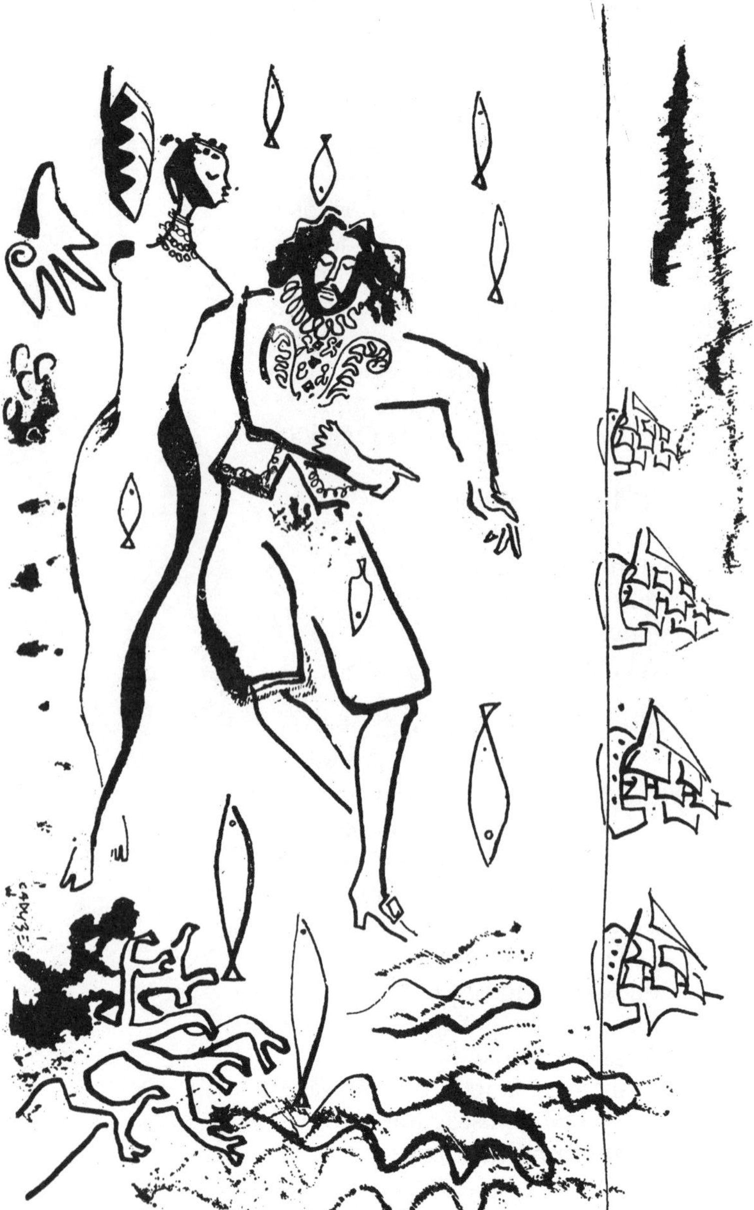

– "Onde vais mulhé?"
– Vou me daná no carrossé!
– "Tu não vais, mulhé,
mulhé, você não vai lá..."

Maria atirou-se n'água,
Seu Manuel seguiu atrás...
– Quero a mais pichititinha!
– Raios te partam, Maria!
Essas naus são meus tesouros,
ganhou-as matando Mouros
o marido de minha tia!
Vêm dos confins do mundo...
De "Oropa, França e Bahia"!

    Nadavam de mar em fora...
    (Manuel atrás de Maria!)
    Passou-se uma hora, outra hora,
    e as naus nenhum atingia...
    Faz-se um silêncio nas águas,
    cadê Manuel e Maria?!

. . . .

De madrugada, na praia,
dois corpos o mar lambia...
Seu Manuel era um "Boi Morto",
Maria, uma "Cotovia"!

    E as naus de Manuel Furtado,
    herança de sua tia?

– Continuam mar em fora,
navegando noite e dia... ➔

Caminham para "Pasárgada",
para o reino da Poesia!
Herdou-as Manuel Bandeira,
que, ante minha choradeira,
me deu a menor que havia!

    – As eternas Naus-do-Sonho,
    de "Oropa, França e Bahia"...

RIO DE JANEIRO

Cessou o bailado do povo nas ruas,
dançando quadrilhas pra lá e pra cá!
    Um silêncio de morte invade o mundo!
    – Que é que há?
    – Será Tenório?
    – Será a bomba atômica?
Grupos agoniados se ajuntam pelas calçadas,
    às portas dos cafés.
    De repente, porém,
    como se o país tivesse saído
    da beira do abismo,
    mil bocas de alto-falantes
    exclamam alucinadas pela amplidão:
    – Gôôôô... ol!!!

A FESTA

O altar armado da igreja à porta,
Tão lindo como nunca vi,
Cheirava a cravos, cheirava a rosas,
Cheirava a flor do bogari...

As barraquinhas adornadas
Com lanternas de muitas cores,
Vendiam coisas cheias de odores
Broas, pastéis, doces, geladas,
Jinjibirra, abacaxis...

Um pouco abaixo o cosmorama,
Onde espantado a gente via,
Quadros de guerras encarniçadas,
Vistas de terras encantadas,
– Terras de Oropa, França e Bahia...

A gente ia pro carrossel,
Nos seus cavalos esquipar!
O realejo triste gemia, →

Mas, dentro em nós quanta alegria.
E, quando o carrossel se ia,
Ai! que tristeza de matar!

    Ganhava a gente roupas novas,
    Novo sapato, novo chapéu,
    E tudo, nossos pais compravam,
    Com um carinho especial;
    Nada de Papais Noéis!
    Nada de árvores de Natal!

Sinos tocavam dentro da noite,
Fogos subiam riscando o céu!
Jesus brilha de luz num halo
– "Meia-noite canta o galo
Dizendo: – Cristo nasceu!"

    Hoje tudo broma, falsete,
    Não sendo para admirar,
    Que o rádio diga sobre o presepe,
    Que Cristo estava *up-to-date*
    E Nossa Senhora *very kar*...

Minha filhinha, Papai Noel,
É uma figura tragicômica!
Não te iludas com seus enredos
Pois que no meio de seus brinquedos,
Virá um dia a bomba atômica!

. . . .

    O altar armado da igreja à porta,
    Tão lindo como nunca vi,
    Cheirava a cravos, cheirava a rosas,
    Cheirava a flor do bogari.

HOTEL ASTÓRIA

Nada de perus de papos dourados,
Nem muquecas, vatapás e carurus...
Ou mesmo uma galinha de cabidela,
Daquelas cuja receita
O embaixador levou para Sua Majestade Britânica!

Nidra.
Ali a conversa é assim:

– Mestre: me prepare um prato
com 300.000 proteínas!

– Garção; ou Garção!
Eu quero uma salada com escala de vitaminas,
Desde a B1 a B12!

Boy; alô *Boy*!
Eu quero um prato com 333333 calorias!
Atention Boy! →

– Um prato com trezentas e trinta e três mil
trezentas e trinta e três calorias!

. . . .

Por isso a cachorrinha LAIKA,
do Sputinik n? 2,
Ao passar sobre Nova Iorque,
Com o bucho cheio de caviar e filé Strogonof,
Vendo tanta ciência a serviço da Humanidade,
Latiu com ironia:

— Au – au – au!

A COPA DO MUNDO

No meio daquela confusão toda
De rádios berrando,
Fogos pipocando,
Bêbados cantando!

Maria embocou pela porta de Chico Tenório
[adentro,
Do qual se encontrava há muito tempo *of-side*,
E exclamou alucinada:

– Chiquinho, meu bem,
O Brasil ganhou a Copa do Mundo,
Vamos também fazer nosso *goal*, meu amor!

A RUA DO RIO

(PALMARES)

No começo da rua
Morava Agostinho – o aleijado –
A quem o povo acusava de alimentar-se de
                                [coisas imundas:
– Bichos mortos apanhados nos fundos dos
                                      [quintais!

Fronteiro a ele morava o pedreiro Manuel Belo,
Que por ter sido mordido de cachorro da
                                    [moléstia,
Quando falava com a gente avançava como
                                      [um cão!

No meio da rua morava a celebérrima preta Inês.
Catimbozeira "afamanada",
Sempre às voltas com sapos e urubus!

Na outra ponta morava a mulata Filomena, →

A quem um jacaré acuou dentro de um
[banheiro no rio.
E que saiu nuinha pela estrada afora,
Gritando: "Me acudam! Me acudam!"

Mas nem tudo, na Rua do Rio,
Era infâmia, nojo, abominação!

. . . .

Na outra ponta da rua,
Bem nos fundos do quintal da casa de minha
[mãe,
Morava o fogueteiro Lulu Higino,
Que no silêncio das noites consteladas,
Arrancava da flauta uns acordes tão suaves,
Que até parecia serem as estrelas lá no céu
Que estavam tocando...

XENHENHÉM

Xenhenhém (1)

Tomaram o meu amor... (2)

Natal (3)

POSFÁCIO

Ascenso Ferreira: poeta do modernismo nordestino

A idéia de que Ascenso Ferreira e Joaquim Cardozo constituem uma espécie de ponte entre modernismo e regionalismo tornou-se freqüente entre a crítica especializada[1]. De certo modo, esses poetas são tidos como exemplos de um regionalismo "saudável", do tipo que conseguiu conjugar a valorização das tradições culturais da terra com o espírito inventivo, irreverente e inovador do chamado modernismo. Manuel Bandeira, mais tarde secundado por Sérgio Milliet, chegou a atribuir ao modernismo dos nordestinos uma certa vantagem sobre o "sulista", por não ter chegado a incorporar o entusiasmo dos irmãos do "Sul" com as correntes renovadoras européias:

---

[1]. Esse aspecto da obra de Ascenso foi objeto de investigação do único estudo recente que consegui encontrar sobre Ascenso Ferreira. Trata-se de dissertação de mestrado de Marcele Aires Franceschini (2003).

O modernismo no Recife, não sei se de si próprio, pela força e originalidade de seus poetas, um Joaquim Cardozo, um Ascenso, não sei se pela ação corretiva de Gilberto Freyre, provavelmente por uma e outra coisa, não caiu nos cacoetes de escola, não aderiu tão indiscretamente quanto o mesmo movimento no Sul, sobretudo o de São Paulo, aos modelos franceses e italianos.[2]

Na realidade, um dos aspectos dignos de nota no comentário de Manuel Bandeira é o fato de ele sugerir uma compreensão do modernismo em suas variantes regionais bastante distinta daquela que veio a ser adotada pela crítica literária no Brasil. Como tentei mostrar em trabalho recente[3], a tendência predominante no que se refere à compreensão dos movimentos de renovação cultural que atravessaram o Brasil nas décadas de 20 e 30 é a que coloca de um lado os "modernistas" e de outro, os "regionalistas". Com efeito, na nossa tradição crítica, a expressão "modernismo," embora utilizada de modo abrangente, tem, em geral, como referente concreto o Movimento Modernista de São Paulo. Por sua vez, o que se designa irrefletidamente por "regionalismo" refere-se, na verdade, ao que prefiro chamar aqui de modernismo nordestino. A questão que estou, de certo modo, problematizando aqui é que, quando algum crítico da nossa atualidade define o "modernismo"

---

2. Ver "Prefácio" de Manuel Bandeira, incluído na presente edição.
3. COSTA E SILVA, 2006.

como um fecundo momento de renovação da cultura brasileira, há grande possibilidade de que esteja se referindo ao Movimento que tem seu epicentro na Semana de 22 e seus "papas" em Mário e Oswald de Andrade[4].

Trata-se, por conseguinte, de uma história cultural referenciada em São Paulo e que, normalmente, associa o vanguardismo paulistano a um intenso processo de industrialização e urbanização, responsável por colocar a emergente metrópole muito mais em sintonia com o ambiente intelectual europeu que o restante do Brasil. Dentro dessa lógica, São Paulo, cidade "praticamente moderna" e expressão de "um mundo vigoroso e confiante", em acelerado desenvolvimento, teria liderado o país na sua marcha rumo ao futuro[5]. Por isso mesmo, sendo uma "celebração da urbe moderna", *Paulicéia desvairada*, de Mário de Andrade, é não apenas o livro "emblemático do modernismo paulistano" como sua expressão necessária[6].

A rigor, a história do modernismo no Brasil poderia ser escrita quase sem referência ao regionalismo nordestino, uma vez que este não é entendido como parte daquele. Se o modernismo dirige nossos olhos para o futuro e acerta os ponteiros do Brasil pelo relógio da modernidade, o regionalismo é visto como uma espécie de movimento epígono do passado colonial. Já

---

4. MARTINS, 2002, p. 108.
5. ALMEIDA, 2003, p. 319.
6. *Ibidem*.

o contrário não é verdade, pois quase não se fala de regionalismo sem opô-lo ao modernismo. Nesse sentido, o regionalismo tende a ser apresentado na nossa historiografia como uma espécie de reação ao modernismo capitaneado por São Paulo: "Assim, o Regionalismo do Recife foi, em larga medida, um antimodernismo."[7] É, portanto, uma espécie de modernismo definido pelo sinal de menos. Dentro dessa lógica, o regionalismo seria uma espécie de tentativa desesperada de uma região ainda presa à ordem social e política do passado no sentido de dar sobrevida a essa mesma ordem, ao reafirmar seus valores. Ao mesmo tempo, seria parte da luta contra o novo arranjo de forças decorrente da modernização do país, que teria levado à perda de poder político e econômico do Nordeste no contexto nacional[8].

Por outro lado, a exaltação dos valores provincianos, índices do tal passado glorioso, teria levado os regionalistas a um "xenofobismo" que se oporia ao "perfeito" equilíbrio entre localismo e cosmopolitismo dos modernistas de São Paulo. Marcado por um acentuado espírito provinciano, cuja contraface seria o xenofobismo, aliado ao saudosismo, o regionalismo nordestino, muito freqüentemente indexado à figura do sociólogo Gilberto Freyre, só poderia mesmo ser qualificado como "falsa vanguarda", nature-

---

7. MARTINS, *op. cit.*, p. 129.
8. ALMEIDA, *op. cit.*, p. 321.

za que partilharia com o "modernismo espiritualista" do Rio, ambos acusados de ser tradicionalistas e "ideologicamente direitistas"[9]. Ao dizer que o primeiro impulso de "todos os intelectuais do Nordeste" seria o de resistir ao modernismo, Wilson Martins substantiva ainda mais as oposições apontadas, conferindo às posições regionalistas um sentido de quase atavismo. Reagir irrefletidamente à modernização é a atitude natural do "atrasado". Reacionarismo e conservadorismo seriam, assim, fruto da condição de atraso socioeconômico da região.

Vale dizer que tanto Gilberto Freyre como José Lins do Rego, especialmente a partir de 1941 – quando é lançado o livro *Região e tradição*, de Gilberto Freyre –, vão alimentar a pendenga modernismo *versus* regionalismo, na medida em que passam a endossar um discurso que distancia nordestinos e paulistas, fazendo questão de marcar as diferenças, em detrimento das semelhanças de perspectiva. E, assim como os modernistas os denunciarão por tradicionalistas e conservadores, o pernambucano e o paraibano acusarão veementemente os modernistas de São Paulo de artificialismo, esteticismo e imitação das tendências européias. Disputas de hegemonia cultural e um curioso silêncio existente entre as duas das maiores lideranças dos movimentos de renovação cultural do país, Mário de Andrade e Gilberto Freyre, contribuíram

---

9. MARTINS, *op. cit.*, pp. 112-3.

grandemente para que a oposição esquemática e reducionista entre modernismo e regionalismo se consolidasse na historiografia cultural brasileira.

Em contrapartida, perspectivas como a de José Maurício Gomes de Almeida parecem mais interessantes, na medida em que atribuem a posição tradicionalista dos modernistas nordestinos a uma percepção aguda de que o canto à cidade era incompatível com a realidade regional, argumentando, ademais, que a visão nostálgica viria a transformar-se em "questionamento crítico" das condições políticas e sociais da região com a literatura dos anos 30[10]. Almeida aponta para uma idéia normalmente ignorada pelos estudiosos do modernismo, a de que, sendo desigual, o processo de modernização no Brasil abriu a possibilidade de respostas variadas a estímulos semelhantes. Em outras palavras, o "canto da cidade" é apenas uma das reações possíveis à modernização. E isso não apenas no Brasil, mas em todos os lugares por onde a modernidade foi assentando seus trilhos[11].

É tentador explicar as posturas regionalistas e tradicionalistas a partir da decadência econômica e política. E, em certa medida, é claro que a perda de poder econômico e de prestígio político no contexto nacional podem motivar e reforçar sentimentos e perspectivas localistas. Mas, se reduzirmos a compreensão do regionalismo

---

10. ALMEIDA, *op. cit.*, p. 324.
11. BERMAN, 1986.

e do tradicionalismo a aspectos políticos e econômicos que nos remetem a realidades específicas, corremos o risco de perder de vista certas nuances que, no fundo, associam-se intrinsecamente à modernidade. Se a relação entre tradicionalismo-regionalismo e decadência político-econômica fosse assim tão direta, a rigor o Nordeste deveria ter assistido à emergência de um forte movimento regionalista em meados do século XIX. Pois foi entre os anos 1830 e 1840 que o açúcar, principal produto econômico pernambucano, perdeu a liderança da pauta de exportações brasileiras para o café. Portanto, nas primeiras décadas do século XX, quando o Nordeste, a partir de Pernambuco, assistirá ao surgimento de uma forte movimentação regionalista, a decadência econômica e política da Região já estava, de há muito, consolidada.

Isso dito, é claro que o Nordeste vinha sofrendo consideráveis alterações no nível da estruturação interna de sua economia. Pernambuco, cuja capital pode ser vista como principal metrópole regional, teve sua economia bastante impactada pela mecanização da produção, através da introdução de usinas no quartel final do século XIX. Em 1884, Pernambuco já contava com quatro usinas e uma estrada de ferro que avançava pela Zona da Mata, conectando a produção açucareira com o porto do Recife – terceiro maior porto do país em volume de movimentações durante a República Velha. Além disso, a presença de grandes companhias de navegação, telégrafo, companhia ferroviária, bancos e firmas comerciais inglesas e francesas, bem como a presença de representações diplomáticas de vários países, conferiam ao Recife do início do século XX ares de um centro urbano cosmopolita e em processo de modernização econômica e urbana[12].

Aliás, assim como acontecera com o Rio de Janeiro, desde o primeiro decênio do século XX, o Recife sofria a remodelação de seu traçado urbano e de sua arquitetura, com a abertura de grandes avenidas, a derrubada de antigas edificações, como arcos e igrejas, e a construção de edifícios que nada tinham a ver com o estilo colonial que havia, até então, caracterizado a cidade. As primeiras reações "tradicionalistas" nasceram, assim, em torno da percepção de que se fazia necessário "proteger" monumentos e edificações do passado contra a sanha dos arquitetos e engenheiros que pretendiam dar uma feição "moderna" à Veneza brasileira. De certa forma, tradicionalismo e regionalismo vão passar a ser termos equivalentes, já que os regionalistas, de fato, concentraram seus esforços na defesa de uma tradição que acreditavam ameaçada de extinção[13]. É nesse contexto que Recife assistirá, em fevereiro de 1926, à realização do Primeiro Congresso Regionalista do Nordeste.

Importa, inclusive, notar que apesar das rivalidades e diferenças entre os vários grupos de artistas e intelectuais pernambucanos, ao lon-

---

12. LOVE; LEVINE, 1975.
13. AZEVEDO, 1984, p. 99.

go dos anos 20, o "espírito regionalista" foi crescendo, conquistando espaço, e acabou por determinar o perfil da década. Mesmo aqueles artistas ou grupos considerados pelos críticos de hoje como mais "independentes", a exemplo dos rapazes da *Revista do Norte*[14], não fugiram aos princípios gerais do "espírito regionalista". A lembrar: o interesse e a ênfase em aspectos da vida regional, o apreço pela tradição, o tom nostálgico, a aceitação reticente e crítica da modernidade, a evocação da infância como gesto em direção ao passado ameaçado pelo "furor neófito" dos modernizadores. Joaquim Cardozo, figura de destaque no grupo que fundou a "moderna" *Revista do Norte*, também junta tradição e modernidade em sua poesia. A leitura dos poemas de Joaquim Cardozo, escritos na década de 20, torna evidente a marca do "espírito regionalista". Em "Recife morto", por exemplo, Joaquim Cardozo elabora uma contundente imagem da cidade sacrificada aos impulsos da modernização.

E, no entanto, os poemas de Cardozo são claramente modernos na forma, no uso do verso livre, nas escolhas semânticas, na adoção do princípio de liberdade total na composição poética. Aliás, importa dizer que muito cedo na década de 20 intelectuais e artistas nordestinos estavam entrando em contato direto com as vanguardas européias. E Recife, como centro cultu-

---

14. DANTAS, 2003; AZEVEDO, *op. cit.*

ral da região, receberia ao longo da década exposições de pintores expressionistas e visitas de poetas futuristas. De fato, o espírito regionalista – para cuja difusão foi determinante a pregação e a atuação de Gilberto Freyre – não era incompatível com a abertura para renovações estéticas. Muito pelo contrário, o próprio Gilberto Freyre seria um estimulador e um cultor da renovação das formas de expressão, discursivas, literárias ou pictóricas, absorvendo de primeira mão as tendências vanguardistas européias, com as quais tivera contato durante estadas nos Estados Unidos e na Europa, em princípios dos anos 20.

Espero que neste momento já seja fácil perceber como Joaquim Cardozo e Gilberto Freyre conectam-se a Ascenso Ferreira, cuja obra poética viria a desenvolver-se dentro do contexto e a partir do espírito de época e lugar aqui delineados, sendo digna de nota a participação de Ascenso no Primeiro Congresso Regionalista do Nordeste, organizado por Freyre, recitando poemas do futuro *Catimbó* nas sessões de abertura e encerramento do colóquio. O próprio Ascenso, lembrando a influência que sobre ele exerceram os editores da *Revista do Norte*, comenta: "Do grupo fazia parte também Gilberto Freyre, recentemente chegado da América, cujos artigos, despertando o amor pelas coisas da nossa tradição rural, tão vivas no meu subconsciente, calaram fundo no meu espírito."[15] Nesse mesmo

---

15. Ver depoimento de Ascenso para Edgar Cavalheiro, em *Testemunho de uma geração* (1944, p. 84). Grifo meu.

depoimento prestado a Edgar Cavalheiro, Ascenso faz um balanço do modernismo, que tanto esclarece sobre sua perspectiva criadora como nos permite retornar a Manuel Bandeira: "O chamado 'movimento moderno' está triunfante, mas, antes de tudo, está triunfante pelo milagre que realizou obrigando a geração contemporânea a realizar uma marcha em sentido contrário, *buscando inspiração nas nossas tradições* e criando fórmulas em correspondência com seu tempo."[16]

Há pelo menos dois elementos interessantes nessa declaração. Em primeiro lugar, Ascenso se refere a "movimento moderno" em lugar de modernista, expressão suficientemente vaga e abrangente para conter tanto o modernismo paulista como o regionalismo nordestino, enquanto "movimentos modernos" de renovação estética e ideológica, perspectiva que coincide com aquela de Manuel Bandeira, citada ao princípio deste texto. Depois, Ascenso remete a um ponto de convergência desses modernismos: necessidade de buscar inspiração na tradição e, através desse gesto, atualizá-la, reconectando-a ao presente, dando-lhe vida nova. Esse caminho

---

Infelizmente, o lamentável episódio envolvendo a nomeação de Ascenso Ferreira para a presidência da atual Fundação Joaquim Nabuco, por Juscelino Kubitschek, deixou o poeta de *Catimbó* profunda e compreensivelmente sentido com Gilberto Freyre. A partir de então, Ascenso passou a reiterar suas diferenças e seu distanciamento frente ao sociólogo pernambucano.

16. *Idem*, p. 85.

foi trilhado tanto por "regionalistas", como Gilberto Freyre, como por "modernistas", a exemplo de Mário de Andrade, que a partir de certo momento dedicou suas energias de criador, intelectual e pesquisador à condução de uma necessariamente interminável peregrinação em busca do "âmago" do Brasil.

O que foi ponto de partida para poetas nordestinos como Cardozo e Ascenso tornou-se ponto de encontro quando o modernismo de estirpe paulista passou a trilhar os caminhos da procura ou invenção da tradição. Curiosamente, quando Sérgio Milliet, "modernista" de primeira água, escreve o "Prefácio" para a edição popular dos *Poemas: 1922-1953* de Ascenso Ferreira, não consegue conter sua própria nostalgia por um mundo ameaçado de desaparição e que, segundo destaca, Ascenso mantém vivo em sua poesia. Nessa reflexão de Milliet já vai longe o temor manifestado por Mário de Andrade (no artigo "Ritmo novo", de 1927) de que a poesia de Ascenso contivesse a "traição perigosa" de uma "ausência trágica de Brasil". Para Milliet, que escreve em 1953, a poesia de Ascenso refere-se ao Brasil que se perdeu ou que está em via de se perder:

> [...] o que na realidade representa Ascenso Ferreira, um fenômeno brasileiro que vai desaparecendo, infelizmente, tal qual a velha cidade recuando ante o avanço dos estúpidos arranha-céus.
>
> Nestes tempos de progresso e igualmente de angústias, de dúvidas, de "homens partidos",

Ascenso é a presença saudosa de um Brasil que desejaríamos intocável, permanente e crescendo sem aculturações.[17]

Vale notar que Ascenso manteve uma relação permanente com os modernistas de São Paulo. Publicou poemas e cartas na *Revista de Antropofagia*, acompanhou os desentendimentos entre o grupo da Antropofagia e Mário de Andrade, manifestando sua solidariedade a este último, e manteve-se sempre atualizado, comentando as publicações mais importantes da seara modernista. Foi um entusiasta de *Macunaíma*, sobre o qual escreveu ao autor: "Está por nascer alguém com a cultura brasileira suficiente para analisá-lo, bichão. Está por nascer porque ele é o começo de tudo que se possa aspirar no sentido de criação de uma literatura pátria. Mas começo que já é todo porque é alicerce, é base, é motor... A cultura brasileira de amanhã tem de nascer dali."[18]

Ascenso viajou algumas vezes a São Paulo e ao Rio de Janeiro, com o objetivo explícito de divulgar seus livros. Nessas viagens conheceu pessoalmente os amigos feitos por carta e travou conhecimento com os principais nomes da vanguarda artística nacional. Participou de recitais e saraus nas casas de Tarsila do Amaral e de Dona Olívia Guedes Penteado, recitando seus

---

17. Ver artigo de Sérgio Milliet inserido na presente edição.
18. FERREIRA, 2006, p. 87.

poemas "modernos". Mas ao mesmo tempo que se mantinha sintonizado com as tendências "modernistas", Ascenso escrevia a Mário de Andrade criticando a "modernice": "A mocidade aqui da Capital ouviu falar de uma arte moderna e entende que fazer arte moderna é dizer coisas incompreensíveis e cantar amores de ópio e cocaína, sem nem sequer tomar ópio e cocaína! Seguem Marinetti realizando assim mais uma deplorável obra de imitação... Um horror! Que fazer contra esse estado de coisas?!"[19]

Com tudo isso, o que espero deixar claro é que Ascenso Ferreira não é uma exceção como artista nordestino que teria feito uma ponte entre modernismo e regionalismo. Ele é, sim, um dos maiores poetas que o modernismo nordestino produziu. Poeta maior, não pela enormidade de seu vulto, ou pela força marcante de sua voz, mas pelo labor consciente e elaborado sobre a palavra. Como bem disse Manuel Bandeira: "Poeta de inspiração popular, a sua técnica do verso é, no entanto, sutil e requintadíssima."[20] Poeta regional, moderno, universal, Ascenso Ferreira causou grande impacto no panorama literário brasileiro quando, em 1927, lançou seu *Catimbó*, nas palavras de Mário de Andrade, "um dos livros mais originais do modernismo brasileiro"[21].

---

19. Carta datada de dezembro de 1926; *apud* FRANCESCHINI, 2003, p. 142.
20. Ver "Prefácio" de Manuel Bandeira (*op. cit.*).
21. Ver texto de Mário de Andrade, "Ritmo novo", incluído nesta edição.

REFERÊNCIAS BIBLIOGRÁFICAS

ALMEIDA, José Maurício Gomes de. "Regionalismo e modernismo: as duas faces da renovação cultural dos anos 20". In: KOMINSKY, Ethel Vofzon; LÉPINE, Claude; PEIXOTO, Fernanda Arêas (orgs.). *Gilberto Freyre em quatro tempos.* Bauru, SP: Edusc, 2003.

ANDRADE, Mário de. *Poesias completas.* Belo Horizonte: Villa Rica, 1993.

AZEVEDO, Neroaldo Pontes. *Modernismo e regionalismo: os anos 20 em Pernambuco.* João Pessoa: Secretaria de Educação e Cultura da Paraíba, 1984.

BERMAN, Marshall. *Tudo que é sólido desmancha no ar: a aventura da modernidade.* São Paulo: Companhia das Letras, 1986.

CARDOZO, Joaquim. *Poesias completas.* Rio de Janeiro: Civilização Brasileira, 1971.

CAVALHEIRO, Edgar. *Testamento de uma geração.* Porto Alegre: Globo, 1944.

COSTA E SILVA, Valéria Torres da. *A modernidade nos trópicos: Gilberto Freyre e os debates em torno do nacional.* Orientador: José

Luiz Passos. Berkeley: University of California, Berkeley, 2006. 624 pp. Tese (Ph.D. in Hispanic Languages and Literatures).

DANTAS, Maria da Paz Ribeiro. *Joaquim Cardozo: contemporâneo do futuro*. Recife: Ensol, 2003.

FERREIRA, Ascenso. *Catimbó e outros poemas*. Rio de Janeiro: José Olympio, 1963.

———. "Meu depoimento". In: CAVALHEIRO, Edgar (org.). *Testamento de uma geração: 20 figuras da intelectualidade brasileira prestam o seu depoimento no inquérito promovido por Edgar Cavalheiro*. Porto Alegre: Globo, 1944.

———. *Outros poemas & inéditos*. Org. Juareiz Correya. Recife: Panamérica/Nordestal, 2006.

FRANCESCHINI, Marcele Aires. *Ascenso Ferreira e o modernismo brasileiro*. Orientadora: Maria Augusta Abramo. São Paulo: Departamento de Teoria Literária/FFLCH/USP, 2003. Dissertação (Mestrado em Teoria Literária).

FREYRE, Gilberto. *Livro do Nordeste: comemorativo do primeiro centenário do* Diário de Pernambuco. Recife: Arquivo Público Estadual, 1979.

———. *Região e tradição*. Rio de Janeiro: José Olympio, 1941.

———. *Tempo de aprendiz*. São Paulo: Ibrasa, 1979. 2 vols.

LOVE, Joseph; WIRTH, John; LEVINE, Robert. "O poder dos estados: análise regional". In: HOLANDA, Sérgio Buarque de (org.). *História geral da civilização brasileira*. Rio de Janeiro: Difel, 1975, t. 3, vol. 1.

MARTINS, Wilson. *A idéia modernista*. Rio de Janeiro: Topbooks, 2002.
Revista de Antropofagia. Edição fac-similar. São Paulo: Cia. Lithographica Ypiranga, 1976, 1ª e 2ª dentição.

IMPRESSÃO E ACABAMENTO:
YANGRAF Fone/Fax:
2095.77.22
e-mail:yangraf.comercial@terra.com.br